어린이 성웅 이순신

일러두기

- 단행본은 《 》로, 작품과 유물은 〈 〉로 표기했습니다.
- 나이는 2023년 6월 28일 민법 및 행정기본법 개정안(만 나이 통일법 시행령)에 따라 표기했습니다.
- 본문의 * 표시 부분은 책의 부록 〈더 알아보기〉를 참조하세요.

어린이 성웅 이순신

초판 1쇄 발행 | 2025년 09월 10일

글쓴이 | 엄인정 · 그린이 | 김형진

발행인 | 김선희 · 대 표 | 김종대
펴낸곳 | 도서출판 매월당
책임편집 | 박옥훈 · 디자인 | 심서령 · 마케터 | 양진철 · 김용준

등록번호 | 388-2006-000018호
등록일 | 2005년 4월 7일
주소 | 경기도 부천시 소사구 중동로 71번길 39, 109동 1601호
　　　(송내동, 뉴서울아파트)
전화 | 032-666-1130 · 팩스 | 032-215-1130

ISBN 979-11-7029-262-3 (73990)

· 잘못된 책은 바꿔드립니다.
· 책값은 뒤표지에 있습니다.

생각하는 아이 · 11

어린이 성웅 이순신

글 엄인정 | 그림 김형진

주니어 태월강

충무공 이순신에 대하여

이순신(1545~1598)의 본관은 덕수, 자는 여해, 시호는 충무입니다. 1545년 음력 3월 8일, 한성부 건천동(지금의 서울 중구 인현동)에서 덕수 이씨 가문인 이정과 초계 변씨 사이의 셋째 아들로 태어났으며, 문반 가문 출신으로 고려 때 중랑장을 지낸 이돈수의 12대손입니다. 이순신의 위로 희신, 요신 두 형이 있고, 아래로 아우 우신이 있습니다. 1598년 노량 해전 전투 중에 전사했습니다.

어려서부터 전쟁놀이를 좋아하고 리더십(단체를 이끌어가는 지도자로서의 능력)이 강했던 이순신은 나라를 지키는 장수가 되기 위해 과거 시험을 치르고, 31세라는 다소 늦은 나이에 무관이 됩니다. 하지만 강직하고 청렴결백한 성품 때문에 계속해서 주변 사람들의 시기와 모함에 시달리며 험난한 벼슬길을 걷게 됩

니다.

 이순신의 첫 관직은 1576년 함경도 부근의 동구비보 권관(종9품)이었습니다. 그 후 훈련원 봉사, 발포 수군만호, 사복시 주부를 거쳐 1586년~1587년에는 조산보 병마만호(종4품) 겸 녹둔도 둔전관이 됩니다. 이때 이순신은 국방력 강화를 위해 상관에게 병력 보강을 요청했으나 들어주지 않았고, 결국 여진족의 침입으로 조선군은 큰 피해를 입게 됩니다. 이순신은 녹둔도 전투의 패배로 첫 번째 백의종군(죄인의 신분으로 흰옷을 입고 벼슬 없이 군대를 따라 싸움터로 감)을 하게 됩니다. 그 후 조방장, 정읍·태인 현감, 진도 군수 등을 거쳐 1591년에는 파격 승진을 하며 전라좌도 수군절도사(정3품)로 임명됩니다.

 1592년 임진왜란이 일어나자 이순신이 이끄는 조선 수군은 옥포·사천·당포·당항포에서 연이은 승리를 거두게 됩니다. 후에 이순신은 한산도 대첩과 부산포 해전에서 왜군을 섬멸(모조리 무찔러 멸망시킴)하며 공을 인정받아 1593년에는 삼도수군통제사(종2품)가 됩니다. 하지만 조정의 출전 명령을 거역한 죄로 관직에서 쫓겨나 한성 의금부에 투옥되는 등 온갖 고난을 겪으며 두 번째 백의종군을 하게 됩니다.

1597년, 일본이 또다시 침략하는 정유재란이 일어납니다. 하지만 이순신의 뒤를 이어 삼도수군통제사가 된 원균이 칠천량 해전에서 크게 패하여 조선 수군이 거의 전멸하게 됩니다. 이에 이순신은 다시 삼도수군통제사로 임명됩니다.

군사도 배도 무기도 제대로 없는 막막한 상황에서 이순신은 다시 처음부터 군사를 훈련하고 배와 무기를 수리하며 전력을 키워 나갑니다. 그리하여 단 13척의 배로 왜군 130여 척을 물리치는 명량 해전의 신화를 이루어 냅니다. 하지만 1598년 11월, 7년 전쟁의 끝이 보일 무렵, 이순신은 안타깝게 노량 해전에서 적의 총탄을 맞고 전사합니다.

23번의 해전에서 단 한 번도 패하지 않은 신화를 이룩한 이순신은 조선을 위기에서 구한 최고의 장수로서, 영웅을 넘어 성웅(지식과 도덕이 뛰어나 많은 사람이 존경하는 영웅)으로 현재까지 많은 사람들에게 존경을 받고 있습니다. 또한 임진왜란 중에 이순신이 직접 전시 상황을 세세히 기록한 일지《난중일기》는 1962년 국보 제76호로 지정되었고, 2013년 유네스코 세계기록유산에 등재되며 오늘날 임진왜란을 연구하는 데 없어서는 안 될 귀중한 사료(역사 연구에 필요한 문헌이나 유물)로 그 가치를 인정받고 있습니다.

작가의 말

우리는 역사 속 위인들을 통해 그들의 지혜와 생각을 배울 수 있습니다. 옛것을 익혀 새것을 안다는 '온고지신'이라는 말처럼, 우리는 조상들이 살아온 과거의 발자취를 바탕으로 현재를 살아가고 더 나은 미래를 계획할 수 있습니다. 이것이 바로 우리가 역사를 배워야 하는 이유입니다.

이 책에는 우리가 잘 알고 있는 조선 시대 가장 위대한 장군 이순신의 일대기가 담겨 있습니다. 조선의 운명을 쥔 장수로서의 책임감과 슬픔, 부하와 백성들을 사랑하는 마음, 나라와 임금을 향한 애국심과 충성심뿐만 아니라 한 가정의 남편으로, 아버지로, 또 자식으로서 가족을 향한 이순신의 깊은 사랑과 인간적 고뇌도 엿볼 수 있습니다. 이순신 장군을 23번 싸워서 23번 모두 승리로 이끈 강직하고 근엄한 장수로만 알고 있던 독자들

은 이순신 장군의 인간적인 모습에 다시 한번 깊은 감동을 받게 될 것입니다.

  인생이라는 긴 여정 속에서 우리는 가슴속에 존경하는 인물 한 사람쯤은 품고 살아가야 합니다. 가슴속에 품은 그 영웅은 여러분이 현실이라는 문 앞에서 한없이 작아지고 좌절하게 될 때마다 힘이 되어 주는 희망의 빛이자 여러분을 언제나 좀 더 나은 방향으로 이끌어 주는 든든한 나침반이 되어 줄 것입니다. 이 책과 함께하는 한, 우리의 영원한 성웅 이순신 장군이 언제까지나 여러분의 희망과 나침반이 되어 주리라 믿습니다.

차 례

충무공 이순신에 대하여   4
작가의 말   8

건천동 꼬마 대장   14
첫 시험에 도전하다   24
벼슬길에 오르다   28
첫 번째 백의종군   34
전라좌수사가 되다   40

한 걸음 더 깊이
임진왜란 당시 조선의 '무기'에 대해 알아볼까요?   50

1592년, 임진왜란이 시작되다   52

한 걸음 더 깊이
임진왜란 당시 조선과 일본의 '함선'에 대해 알아볼까요?   58

마침내 첫 승리, 옥포 해전   62
거북선의 등장과 계속되는 승리   68
한산도 대첩, 학익진으로 대승하다   74
다시 전의를 불태우다   80
바다에는 수군, 육지에는 의병   86

한 걸음 더 깊이
임진왜란의 숨은 영웅 '의병'에 대해 좀 더 알아볼까요?   90

싸우고 또 싸우다   94

한 걸음 더 깊이
'임진왜란 3대 대첩'에 대해 알아볼까요?   104

삼도수군통제사가 되다   106

한 걸음 더 깊이
《난중일기》에 대해 좀 더 알아볼까요?   109
〈한산도가〉에 대해 알아볼까요?

또다시 전투, 1597년 정유재란   112

한 걸음 더 깊이
임진왜란의 비극 – 일본 교토 '귀 무덤'   116

두 번째 백의종군   117

한 걸음 더 깊이
'백의종군'에 대해 좀 더 알아볼까요?   126

칠천량 해전의 비극   128
다시 삼도수군통제사가 되다   135

한 걸음 더 깊이
이순신 장군이 남긴 말들   138

명량의 기적   140
7년 전쟁의 끝 노량 해전   149

한 걸음 더 깊이
한눈에 보는 임진왜란   155

부록
충무공 이순신 장군과 관련된 유적   160
충무공 이순신 장군과 관련된 유물   170
더 알아보기   178
이순신 연보   187

건천동 꼬마 대장

어려서부터 전쟁놀이를 좋아하고, 군사 작전과 지도자로서 능력이 뛰어났던 이순신은 동네 친구들과 전쟁놀이를 할 때면 항상 대장 역할을 맡았습니다. 훗날 나라를 지키는 훌륭한 장수가 되고 싶었던 이순신은 그렇게 어릴 때부터 무예(무술에 관한 재주)에 관심과 재능을 보였습니다. 하지만 타고난 성품이 강직했기 때문에 주변 사람들의 미움을 사고 억울한 모함을 받아 장수가 되기까지 꽤 오랜 시간이 걸렸습니다. 보다 쉽고 빠른 길로 갈 수도 있었으나 이순신은 자신의 뜻을 굽히지 않고 올바른 무인(무예를 닦은 사람)의 길을 걸었던 것입니다.

이순신이 태어나던 1545년은 조선 12대왕 인종이 즉위한 지 얼마 되지 않아 세상을 떠나고, 인종의 어린 동생 명종이 왕위에 올랐던 시기였습니다. 명종이 너무 어렸기에 명종을 대신해 명종의 어머니 문정왕후가 나랏일을 돌보았고, 권력에 눈이 먼 문정왕후의 남동생은 수많은 이들을 죽여 가며 권력을 차지하느라 그 어느 때보다 혼란스러운 시기였습니다.

이순신의 집안은 대대로 벼슬을 한 덕수 이씨 가문이었습니다. 하지만 이순신의 할아버지 이백록은 기묘사화(조선 중종 때 남곤, 심정, 홍경주 등의 훈구파가 성리학에 바탕을 둔 이상 정치를 주장하던 조광조, 김정 등의 신진파를 죽이거나 귀양 보낸 사건)에 연루되어 죄인의 신분인 채로 불명예스럽게 돌아가셨습니다. 그 후 벼슬길이 막혀 버린 이순신의 아버지 이정은 오랜 세월 벼슬하지 못하고 글공부만 했으며, 이로 인해 집안 형편은 점점 기울어져 갔습니다.

이후 이순신의 아버지 이정은 자신의 아버지 이백록의 억울함을 호소(억울하거나 딱한 사정을 남에게 간곡히 알림)했고, 다행히 받아들여져 이순신의 가문은 명예를 되찾을 수 있었습니다. 그렇게 이순신의 가문은 죄인의 신분에서 벗어났으며, 훗날 이순신은 어릴 때부터 꿈꾸던 장수가 되기 위해 과거 시험을 볼 수 있게 되었습니다.

이순신의 부모님은 자식들을 매우 사랑했으나 아이들이 글공부와 책 읽기를 게을리하지 않도록 엄하게 교육했습니다. 책 읽기를 좋아하던 이순신은 12세에 이미 《논어》(공자와 그의 제자들의 말과 행동을 적은 책)와 《맹자》(맹자와 그 제자들의 대화 따위를 적은 책)를 익혔고, 전쟁놀이를 좋아했기에 전쟁과 관련된 병서 또한 즐겨 읽었습니다.

하지만 아무리 타고난 재능이 뛰어나더라도 노력 없이 목표를 이룰 수 없었기에, 꾸준한 독서와 전쟁놀이를 통한 훈련을 게을리하지 않았습니다. 그 덕분에 이순신은 전략(전쟁을 전반적으로 이끌어 가는 방법)과 전술(전쟁 또는 전투 상황에 대처하기 위한 기술과 방법)이 뛰어나고 무예 실력 또한 훌륭한 조선 최고의 장수가 될 수 있었습니다.

여기서 잠깐, 어린 시절부터 성품이 강직했던 이순신의 일화(세상에 널리 알려지지 아니한 흥미 있는 이야기)를 소개해 보겠습니다.

뜨거운 태양이 내리쬐는 8월 어느 날, 말을 탄 한 양반이 하인을 거느리고 건천동을 지나고 있었습니다. 냇가를 건너기 위해 양반이 말을 몰고 다리 위로 향하고 있을 때, 이순신이 나타나 양반의 앞길을 가로막으며 말했습니다.

"나리, 말을 멈춰 주십시오. 이 길은 지나가실 수 없습니다."

그러자 양반 곁에 서 있던 하인이 말했습니다.

"사람이 건너라고 만든 다리이거늘, 지나갈 수 없다니 대체 무슨 말이냐?"

"맞는 말씀이오나 지금은 저희가 전쟁놀이 중이니 건너가실 수 없습니다."

이순신의 말에 몹시 화가 난 하인이 소리쳤습니다.

"이런, 고얀 녀석 같으니. 이분이 뉘신 줄 알고 감히 길을 막는 것이냐. 어서 길을 비켜라!"

하지만 이순신은 지지 않고 말했습니다.

"아무리 그러셔도 안 됩니다. 돌아가 주십시오."

그러자 보다 못한 양반이 직접 나서며 말했습니다.

"참으로 맹랑한(하는 짓이 똘똘하고 깜찍한) 녀석이로구나. 그렇다면 만약 임금님이 이 길을 지나가셔도 막아서겠느냐?"

그러자 이순신이 말했습니다.

"당연히 그리할 것입니다. 임금님께서 나라와 백성들을 생각하신다면 분명 제 뜻을 이해하고 받아주실 것입니다."

끝까지 자신의 뜻을 굽히지 않는 이순신의 모습을 보며 양반은 속으로 감탄했습니다.

"그래, 네 뜻이 정 그러하다면 내 다른 길로 돌아가마. 전쟁에서 꼭 승리하거라."

"나리, 무례한 모습을 보여 죄송합니다. 하지만 전쟁에 임하는 저의 원칙이기에 어쩔 수 없음을 부디 용서해 주십시오."

어린 이순신의 마음을 기특하게 여긴 양반은 말을 뒤로 물리며 그곳을 벗어났습니다. 양반은 뒤돌아서며 중얼거렸습니다.

"오, 그 녀석 배짱 한번 두둑하구나. 저 아이는 장차 큰 인물이 될 것이야."

양반이 예상했던 대로 전쟁놀이를 좋아하던 건천동 꼬마 대장 이순신은 훗날 나라를 위기에서 구한 자랑스러운 영웅이 되었습니다.

또 다른 어느 날의 일입니다.

함께 서당을 다니던 이순신과 **류성룡***이 글공부를 마치고 집으로 돌아가던 때였습니다. 류성룡은 이순신의 둘째 형 친구로 이순신보다 3살이 많았으나, 두 사람은 서로 친구처럼 두터운 우정을 유지하고 있었습니다.

마침 목이 마르던 순간, 탐스러운 살구가 주렁주렁 열린 큼지막한 가지 하나가 담장 밖으로 나온 것을 발견했습니다. 그러자 류성룡은 한 치의 망설임도 없이 달려가 살구 나뭇가지를 흔들었고, 잠시 후 살구 몇 개가 바닥에 후두둑 떨어졌습니다. 신이 난 류성룡은 이순신에게 살구 하나를 건네며 말했습니다.

"순신아, 목마르지? 어서 먹어 봐."

그러자 이순신은 굳은 얼굴로 말했습니다.

"형님, 아무리 목이 말라도 남의 것을 함부로 먹을 순 없습니다. 이건 도둑질이나 마찬가지예요."

이에 류성룡은 이순신의 올곧은 성품에 다시 한번 감탄하며 어려운 일이 생길 때마다 이순신을 도왔고, 훗날 임금에게 이순신을 수군(주로 바다에서 공격과 방어의 임무를 수행하는 군대) 장수로 추천하기도 했습니다. 두 사람의 어린 시절 우정은 어른이 되어서도 오래도록 이어졌습니다.

하지만 이순신의 아버지 이정이 벼슬을 하지 않았고, 이순신의 집안은 갈수록 형편이 어려워졌기 때문에 그의 가족은 외가가 있는 충남 아산 백암리로 이사를 가야만 했습니다.

"순신아, 몸은 떨어져 있어도 마음은 늘 함께할 테니 부디 몸 조심하거라."

"형님, 부디 몸 건강히 잘 지내시고 꼭 다시 만나요."

그렇게 류성룡과 이순신은 안타까운 이별을 해야만 했습니다.

한편, 백암리로 이사한 이후에도 이순신은 마을 아이들을 모아 놓고 전쟁놀이를 하며 대장 역할을 했습니다. 늘 격렬한 놀

이를 한 탓에 아이들의 몸은 여기저기 다치기 일쑤였고 하루도 멀쩡할 날이 없었습니다. 그러던 어느 날, 이순신의 아버지가 아들을 불러 물었습니다.

"순신아, 너는 장차 무엇이 되고 싶으냐?"

그러자 이순신이 말했습니다.

"아버지, 저는 나라를 지키는 훌륭한 장수가 되고 싶습니다."

"순신아, 훌륭한 장수가 되기 위해서는 무예뿐만 아니라 글공부 또한 열심히 해야 한단다. 장수는 전략을 세워 전장(싸움을 치르는 장소)을 지휘하고 부하를 통솔하는 지혜를 갖추어야 하기 때문이지. 그 지혜는 바로 책에서 구할 수 있는 것이란다. 책은 우리 선조들의 모든 지혜가 담긴 보물과 같은 것이니까. 그러니 훌륭한 장수가 되고 싶거든 무예 실력을 키우는 것은 물론이고, 책 읽기와 글공부 또한 소홀히 해서는 아니 되느니라. 이 아비의 말이 무슨 뜻인지 알겠느냐?"

"네, 아버지. 아버지 말씀 명심하겠습니다."

전쟁놀이에 흠뻑 빠진 이순신은 그동안 책 읽기와 글공부를 소홀히 한 자신의 모습을 반성하며 누구보다 열심히 책을 읽고 글공부를 하며 학문에 힘썼습니다.

한편, 이순신이 사는 마을에는 활쏘기와 말타기 실력이 뛰어난 '방진'이라는 무관이 있었습니다. 이순신은 늘 담 너머로 방진이 활을 쏘고 말을 타고 달리는 모습을 지켜보며 그의 무예 실력에 감탄했습니다. 그날도 평소와 마찬가지로 이순신이 글공부를 마치고 돌아오는 길에 담장 너머로 방진이 활을 쏘는 모습을 지켜보고 있을 때였습니다.

"활쏘기에 관심이 많은가 보구나. 그럼 어디 한번 쏘아 보겠느냐?"

어린 이순신이 늘 자신이 연습하는 모습을 지켜보던 것을 진작부터 알고 있던 방진이 다가와 말했습니다.

"나리, 저는 무예 실력과 지혜를 갖춘 훌륭한 장수가 되고 싶습니다."

이순신이 말했습니다.

"그럼 나와 같이 활쏘기 연습을 하지 않겠느냐? 마침 혼자 연습하느라 심심하던 차인데……."

"정말 그래도 되겠습니까, 나리?"

"그럼, 되고말고. 너만 좋다면 그렇게 하자꾸나."

방진의 말에 이순신은 몹시 기뻤습니다. 그날 이후 이순신은 방진의 집을 매일 찾아가 활쏘기와 말타기를 배웠습니다. 이순신의 성실함과 강직한 성품, 그리고 재능을 일찌감치 알아본 방진은 이순신이 20세 되던 해 자신의 딸과 혼인을 시켰습니다. 이제 이순신은 어엿한 방진의 사위가 된 것입니다.

첫 시험에 도전하다

이순신이 늘 꿈꾸던 장수가 되기 위해서는 과거 시험 중 무과를 치러야 하는데, 이를 위해 말타기, 활쏘기, 칼싸움 등을 열심히 연습했습니다. 게다가 무과 시험은 무예뿐만 아니라 글공부 실력까지 갖추어야 했기에 글공부 또한 성실하게 익혔습니다.

그리하여 이순신은 1572년 8월, 27세에 첫 과거 시험을 보러 한성으로 향했습니다. 부푼 기대를 안고 시험장인 훈련원에 도착한 이순신은 차분하게 시험에 임했습니다.

첫 번째 시험은 활쏘기였습니다. 평소 활쏘기가 가장 자신 있었기에 당연히 좋은 성적을 거두었습니다. 다음 시험은 말타기였습니다. 이순신은 가볍게 말잔등 위로 올라 말고삐를 바짝 쥐고 눈 깜짝할 사이에 훈련원 마당을 한 바퀴 돌았습니다.

그러나 첫 시험의 기대도 잠시, 이순신에게 시련이 찾아왔습니다. 마지막 장애물을 넘으려는 순간, 이순신이 타고 있던 말이 갑자기 중심을 잃어 그대로 땅바닥에 나동그라진 것입니다.

순간 그는 정신을 잃고 말았습니다.

시험관들과 응시생들 모두 숨을 죽이고 죽은 듯이 누워 있는 이순신을 지켜보았습니다. 모두가 이순신이 죽은 줄로만 알았으나 이순신은 간신히 정신을 차리고 일어났습니다. 하지만 오른쪽 다리가 부러져 심한 통증이 느껴졌습니다. 더 이상 시험을 치를 수 없는 상황이 된 것입니다.

그럼에도 이순신은 훈련원 마당 가장자리에 있는 버드나무 밑으로 힘겹게 걸음을 옮겨 버드나무 가지를 꺾어 부러진 다리에 대고, 입고 있던 저고리의 한쪽을 찢어 꽁꽁 동여매고는 끝까지 시험을 치렀습니다.

이순신은 빠르게 달리는 말에서 떨어져 심하게 다쳤는데도 포기하지 않고 마지막까지 최선을 다했지만 결국 시험은 떨어졌습니다. 비록 시험에는 실패했으나 그의 포기하지 않는 굳센 의지와 도전 정신은 그날 시험장에서 그를 지켜보던 많은 이들에게 본보기가 되었습니다.

과거 시험에서 떨어진 후 이순신은 죽마고우(어릴 때부터 같이 놀며 자란 벗)였던 류성룡을 찾아갔습니다. 류성룡은 이미 승지 벼슬을 하는 관리가 되어 있었습니다.

"이보게, 왜 이제야 찾아왔나?"

"형님, 저는 아직 아무것도 이루지 못했습니다. 그저 나이만 먹어 부끄러울 따름입니다."

"이 사람아, 아직 때가 되지 않은 것뿐이야. 하늘이 곧 큰 그릇이 될 자네의 재능을 알아볼 터이니 너무 걱정하지 말게나."

이순신은 류성룡과 다시 만난 후, 그의 격려와 성공에 큰 자극을 받았습니다. 그리하여 더욱 열심히 훈련에 임하며 학문에 힘썼습니다. 어질고 착한 이순신의 아내는 묵묵히 남편을 뒷바라지했습니다. 이순신은 고생하는 아내를 위해서라도 반드시 성공해야겠다고 다짐했습니다.

벼슬길에 오르다

그로부터 4년 후인 1576년 2월, 무과 시험 준비 10년 만에 이순신은 31세의 나이로 합격하여 마침내 벼슬길에 오르게 되었습니다. 오랜 시간 꾸준히 단련한 덕분에 이순신의 무예 실력과 학문의 깊이는 더욱 단단하고 깊어졌습니다. 하지만 그의 강직하고 청렴결백한 성품 때문에 이순신은 주변 사람들에게 온갖 시기와 모함을 받으며 험난한 관직 생활을 이어 가야 했습니다.

이순신이 과거 시험에 합격하고 처음으로 근무하게 된 곳은 여진족이 자주 침입하는 함경도 부근의 '동구비보'라는 곳이었습니다. 그곳은 사람이 거의 드나들지 않고, 산짐승들이 많이 사는 매우 험한 곳이었습니다. 이순신은 그 지역을 지키는 관리가 되었습니다.

첫 임무를 맡게 된 이순신은 그곳에서 지낼 생각에 그저 막막했습니다. 하지만 곧 정신을 가다듬고 기강(규율과 법도)이 흐트러졌던 군사들을 훈련 시키며 누구보다 열심히 동구비보를 지켰고, 활쏘기 연습도 게을리하지 않았습니다. 무기 관리 또한 철저히 하고 무너진 성곽을 수리하며 성실한 태도로 임무를 수행했습니다.

이러한 변방의 변화는 임금의 귀에까지 전해졌고, 이순신은 그 공을 인정받아 2년 후인 1579년 2월, 훈련원의 봉사로 임명되었습니다. 훈련원은 예전에 이순신이 무관 시험을 보다가 말에서 떨어져 다리를 다친 곳이기도 해서 감회가 새로웠습니다. 이순신이 맡은 일은 훈련원의 가장 말단직으로 인사를 담당하는 자리였습니다.

어느 날, 이순신의 상관 병조정랑 서익이 찾아와 말했습니다.

"내 친척이 하나 있는데 이번에 그를 승진(직위의 등급이나 계급이 오름)시켜 주시오."

그러자 이순신이 단호하게 말했습니다.

"그건 안 됩니다. 친척이라는 이유로 서열을 무시하고 승진시킨다면 재능 있는 다른 사람이 기회를 잃게 됩니다. 아무리 상관의 명령이라도 받들 수 없습니다."

이순신은 강직한 원칙주의자였기에 공평하지 못한 일은 결코 할 수 없었던 것입니다.

'감히 상관인 내 명령을 거역하다니……. 이순신, 어디 두고

보자.'

 서익은 분노하며 이순신을 두고두고 원망하며 앙심(원한을 품고 앙갚음하려는 마음)을 품었습니다. 그러나 이순신의 마음은 흔들리지 않았고, 원칙을 벗어난 명령에는 결코 자신의 주장을 굽히지 않았습니다.

 강직한 성품을 지닌 이순신의 일화는 오동나무 사건에서도 엿볼 수 있습니다. 어느 날, 평소 음악에 관심이 많았던 전라좌수사 성박이 자신의 거문고를 만들기 위해 이순신에게 오동나무를 베어 바치라 일렀습니다. 그러자 이순신은 다음과 같이 말했습니다.

 "이 오동나무는 나라의 것이므로 개인이 사사로이 취할 수 없습니다. 아무리 상관의 명령이라도 옳지 못한 일은 따를 수 없습니다."

 이에 성박 역시 분노하며 이순신에게 원한을 품게 되었습니다. 이렇듯 올곧고 강직한 성품 때문에 이순신은 자주 상관과 주변 사람들의 미움을 사게 되었고, 승진 또한 쉽지 않았습니다. 이순신은 좌천(낮은 관직이나 지위로 떨어지거나 외직으로 전근됨)과 파직(관직에서 물러나게 함)을 반복하며 험한 곳에서 근무했으며, 장수로서의 재능을 펼칠 기회를 좀처럼 얻기 힘들었습니다.

　이순신이 발포(전남 고흥군 도화면 부근)에서 수군만호로 근무하던 어느 날이었습니다. 지난날 자신의 명령에 복종하지 않아 이순신에게 앙심을 품고 있던 서익이 검열관으로 찾아와 이순신의 근무 지역을 점검했습니다. 서익은 이순신이 무기 관리를 소홀히 하고 군사 정비를 엉망으로 하고 있다며 거짓으로 보고를 올렸습니다. 결국 이순신은 수군만호 직에서 파직을 당하며 발포에서 쫓겨나게 되었습니다.

　좌천과 파직을 반복하며 지쳐 있던 이순신에게 힘이 되어 준 사람은 바로 오랜 벗 류성룡이었습니다. 어려서부터 이순신의 강직한 성품을 잘 알고 있던 류성룡은 이순신에게 시련이 닥칠 때마다 그를 찾아와 격려하며 도움을 주었습니다.

　"너무 근심하지 말게. 자네의 큰 뜻을 펴게 될 날이 곧 올 테니. 그런데 말일세……."

　류성룡은 평소답지 않게 머뭇머뭇 망설이며 말을 이었습니다.

　"자네, 혹시 이조 판서 대감을 만나 뵙지 않겠나? 대감께서 자네를 한번 보았으면 하시는데 말이야."

　당시 이조 판서는 율곡 이이*였습니다. 이조 판서는 관리들의 인사를 담당하는 직책이었기 때문에 류성룡은 평소 친분이 있던 이이에게 부탁해서 이순신을 다시 복직(물러났던 관직이나 직업에 다시 종사함)시키려 했던 것입니다.

"말씀은 감사하지만 지금은 때가 아닌 듯합니다. 대감님의 훌륭한 인품은 저 역시 잘 알고 있기에 꼭 만나 뵙고 싶지만, 저는 제힘으로 다시 시작하고 싶습니다."

"그래, 역시 그럴 줄 알았네. 다음에 꼭 뵙기로 하세."

당시 이이는 높은 신분이었기에 이순신을 복직시키는 것은 그리 어렵지 않은 일이었습니다. 하지만 이순신은 류성룡의 제안을 정중히 거절했습니다. 이순신은 누구의 도움 없이 자신의 힘으로 다시 일어서고 싶었기 때문입니다.

류성룡의 깊은 마음을 잘 아는 이순신과 누구보다 이순신의 재능을 높이 사며 그의 강직한 인품을 아끼는 류성룡, 두 사람의 우정은 시간이 흐를수록 더욱 깊어져 갔습니다.

얼마 후, 다행히 이순신은 훈련원으로 복귀하여 함경도에서 여진족의 침입을 막는 임무를 맡게 되었습니다. 함경도 백성들은 여진족의 횡포로 온갖 괴로움을 겪고 있었습니다. 이에 이순신은 여진족의 우두머리를 잡기 위해 전략을 세웠습니다.

어릴 때부터 전쟁놀이에서 대장 역할을 했고, 군사 작전 능력이 뛰어났던 이순신은 여진족이 말을 타고 다니며 공격한다는 점을 이용하여 말을 탈 수 없는 험한 지역으로 그들을 유인했습니다. 말이 다닐 수 없는 험한 지역에 이르자 여진족은 말에서 내려 걸어갈 수밖에 없었고, 그 틈을 노린 이순신과 그의 군사들은 총공격을 해서 마침내 여진족의 우두머리를 사로잡았습니다.

하지만 이순신의 상관은 이순신을 모함하며 거짓 보고를 올렸습니다. 이에 **선조***는 이순신의 공을 인정하지 않았습니다. 이처럼 이순신은 장수로서 뛰어난 재능을 갖추었으나 강직한 성품 때문에 주변 사람들의 미움을 사고 모함을 당하는 시련을 자주 겪어야만 했습니다.

첫 번째 백의종군

1586년과 그 이듬해까지 이순신은 조산보 만호와 함경도 녹둔도의 둔전관 임무를 동시에 맡았습니다. 둔전관은 녹둔도의 농장을 관리하고, 적의 침입에 대비해 수비하는 직책이었습니다. 녹둔도 역시 여진족이 자주 침입해 곤란을 겪고 있었습니다.

이순신이 조산보 만호 겸 녹둔도 둔전관으로 근무하던 그해 가을, 녹둔도에는 오랜만에 대풍이 들었습니다. 이순신은 한편으로는 기쁘면서도 또 다른 한편으로는 불안했습니다. 녹둔도의 농사가 잘 되었다는 소식이 강 건너 여진족의 귀에 들어가게 되면 식량이 부족한 여진족들이 혹시 곡식을 빼앗기 위해 쳐들어올지도 모르기 때문입니다.

제발 아무 일이 없기를 바라며 조산보에서 업무를 보던 이순신의 귀에 요란한 말발굽 소리가 들렸습니다. 보초를 서던 군사였는데, 그는 숨이 넘어갈 듯이 소리쳤습니다.

"큰일 났습니다. 오랑캐들이 마을을 습격했습니다."

"뭐라고? 서둘러 군사들을 모으고, 다른 사람들은 내 지시가 있을 때까지 침착하게 대기하라."

"네, 알겠습니다."

군사들이 모이자 이순신은 급히 말을 몰아 녹둔도로 향했습니다. 여진족이 한 차례 휩쓸고 지나간 마을은 이미 쑥대밭으로 변했습니다. 하지만 이순신은 포기하지 않고 적들이 돌아가는 길목에 병력을 배치하고 숨어 있었습니다. 우리 군사들이 숨어 있는 것을 전혀 모르는 적들이 마음 놓고 길목을 지나가자 이순신은 활로 신호를 보내어 공격을 지시했습니다.

"공격하라!"

갑작스러운 공격을 받은 적들은 당황하여 뿔뿔이 흩어졌습니다. 이순신과 군사들은 먼저 여진족 장수를 공격했고, 장수를 잃은 여진족 무리는 당황하며 도망치기 바빴습니다. 이순신과 군사들은 그 틈을 놓치지 않고 여진족을 쫓았으며, 포로로 잡혀 가던 우리 백성 60여 명을 구출했습니다.

이 사건을 '녹둔도 전투' 또는 '녹둔도 참변'이라고도 부르는데, 이때 우리 군사 11명이 죽고, 160여 명이 잡혀갔으며, 15필의 말도 약탈당했다고 기록되어 있습니다.

이순신은 일찍이 여진족이 호시탐탐 기회를 엿보며 녹둔도를

노리고 있다는 사실을 알고, 자신의 직속 상관인 함경북도 병마절도사 이일에게 군사를 늘려 달라고 요청했습니다. 하지만 이일은 이를 무시했습니다. 그 결과, 조선은 수많은 군사를 잃었고 많은 양의 곡식을 빼앗겼습니다. 게다가 이순신은 다리에 화살을 맞아 부상까지 당한 몸으로 끝까지 조선의 군사와 백성을 지키려고 노력했지만 결국 여진족에게 패하고 말았습니다.

이 전투에서 패하자 누구보다 당황한 사람은 바로 이일이었습니다. 그는 이순신이 진즉부터 수비 병력을 추가해 달라고 요청했을 때, 이를 묵살한 책임이 자신에게 있다는 것을 누구보다 잘 알고 있었습니다. 만일 이 일이 조정(임금이 나라의 정치를 신하들과 의논하거나 집행하는 곳)에 알려질 경우 자신이 받게 될 큰 벌이 두려웠던 이일은 녹둔도 전투의 책임을 모두 이순신에게 떠넘겼습니다.

이에 몹시 화가 난 이순신은 당당하게 자신이 수비 병력을 요청하며 보냈던 공문서 사본을 내보이며, 조목조목 이일의 부당함을 지적했습니다. 그러자 이일은 이순신을 무조건 옥에 가두었습니다.

한편, 녹둔도 전투의 패배를 두고 조정에서는 의견이 나뉘었습니다.

"전하, 이순신이 비록 패배했으나 적은 수의 군사로 끝까지 맞서 싸웠고, 부상당한 몸으로 우리 군사를 지켰습니다. 그러니 죽음만은 면하게 해 주소서."

"전하, 전투에서 패배한 책임을 이순신에게 물어 마땅하오니 그에게 엄벌을 내려 주소서."

이에 고민하던 선조는 이순신에게 명했습니다.

"녹둔도 전투에서 패한 이순신에게 책임을 물어 백의종군을 명하노니, 이순신은 백의종군하면서 공을 세우도록 하라!"

비록 이순신은 전투에서 패했으나 여진족으로부터 우리 군사를 지키며 백성을 구하고, 부상당한 몸으로 끝까지 싸운 공을 인정받아 사형은 면하게 되었습니다.

이순신은 무관이 된 후 두 번의 백의종군을 겪어야 했습니다. 첫 번째는 앞서 말한 녹둔도 전투의 패배 때문이었고, 두 번째는 임진왜란 중, 왜군을 공격하라는 임금의 명령을 어겼기 때문이었습니다.

당시 이순신은 조산보 만호 임무를 수행하며 첫 번째 백의종군을 시작했습니다. 이는 전투에서 패배한 장수에게 극히 드문, 매우 관대한 처분이었습니다. 이순신이 처형을 면하고 만호 임무를 수행하며 백의종군할 수 있었던 이유는 바로 함경도 순찰사 **정언신*** 덕분이었습니다. 그는 이순신의 인품과 장수로서의 재능을 일찌감치 알아봤고, 녹둔도 전투에서도 조선의 군사 수가 턱없이 부족한 열악한 상황에서 이순신이 최선을 다했음을 잘 알고 있었기 때문입니다.

　이렇듯 이순신의 인물됨과 관련해 정언신은 조정에 보고를 올렸고, 선조는 그의 뜻을 받아들였던 것입니다. 정언신이 자신을 도와주었다는 사실을 알게 된 이순신은 그날 이후로 정언신을 평생의 은인이자 스승으로 섬겼습니다.

　정언신의 배려로 무사히 조산보 만호의 임기를 마쳤지만, 새로운 관직을 얻지 못하고 쓸쓸하게 고향으로 돌아오게 된 이순신을 가족들은 따뜻하게 맞아 주었습니다. 특히 부인은 진심으로 이순신을 위로해 주었고, 이순신은 참으로 오랜만에 몸과 마음이 편안함을 느꼈습니다. 그러나 이러한 행복도 잠시, 이순신은 폭풍과도 같은 역사의 거센 풍랑에 맞서야만 했습니다.

전라좌수사가 되다

 이순신이 고향에 돌아온 이듬해인 1589년 1월, 비변사(국정 전반을 총괄한 실질적인 최고의 관청)에서는 왜구(일본 해적)에 대한 방비를 강화하기 위해 조선 바다를 지킬 실력 있는 무관들을 추천받았습니다. 이에 정언신과 이산해가 이순신을 추천했으나 벼슬은 얻지 못했습니다.
 이순신의 재능과 성품을 익히 알고 있었던 전라도 순찰사 이광은 이순신이 벼슬을 잃고 지내는 것을 안타깝게 여겨 자신의 군관으로 이순신을 추천했습니다. 다행히 이 요청은 받아들여져 이순신은 다시 무관으로 등용되었습니다. 그렇게 이순신은 다시 나랏일을 돌보기 시작했고, 그해 10월 선전관을 겸했으며 12월 정읍 현감(종6품)에 임명되었습니다.
 1590년 7월에는 류성룡의 추천으로 평안도 강계도호부 관내의 고사리진 병마첨절제사(종3품)에 임명되었습니다. 하지만 대신들과 사간원(임금에게 옳지 못하거나 잘못된 일을 고치도록 말하는 기관)의 반대로 취소되었고, 약 한 달 뒤에는 평안도 만포진 병마첨절제사에 임명되었으나 이번에도 대신들의 반대로 취소되어 정읍 현감에 유임(그 자리나 직위에 그대로 머무르게 함)되었습니다.

현감으로서 뛰어난 업무 능력을 보이고 백성들을 진심으로 아꼈던 이순신은 얼마 지나지 않아 백성들에게 존경받는 인물이 되었습니다.

정읍에서 2년을 지낸 이순신은 1591년 2월에 진도 군수로 임명받았습니다. 그러나 부임지에 미처 도착하기도 전에 가리포(지금의 완도) 수군첨절제사(종3품)로 옮겼으며, 그 후 며칠 지나지 않은 2월 13일에 전라좌도 수군절도사(정3품)에 임명되었습니다. 임진왜란을 1년 2개월 앞둔 시점이었으며 그의 나이 46세였습니다. 15년간의 관직 생활 동안 이순신은 수많은 시련을 겪었으나 마침내 조선 수군의 주요 지휘관 전라좌수사가 된 것입니다.

이는 당시 우의정이며 이조 판서였으며, 이순신의 오랜 벗이자 유능한 재상이었던 류성룡의 적극적인 추천에 의한 결과였습니다. 이에 조정에서는 이순신의 전라좌수사 임명을 반대하는 상소(임금에게 올리는 글)가 끊이지 않았습니다. 이순신의 파격 승진에 대신들의 불만이 가득했기 때문입니다. 하지만 류성룡에 대한 선조의 신뢰는 매우 두터웠습니다. 선조는 반대 세력을 물리치고 류성룡의 뜻을 받아들여 마침내 이순신을 전라좌수사로 임명한 것입니다. 이처럼 이순신은 종6품에서 정3품으로 무려 7단계를 뛰어넘어 좌수사가 됐는데, 이전에는 없었던 파격적인 특급 승진이었습니다.

전라좌수사는 조선의 수도 한성을 중심으로 전라도의 좌측을 지키는 임무를 맡는 장수였습니다. 임진왜란 무렵 전라좌수사는 이순신, 전라우수사는 **이억기***, 경상좌수사는 **박홍***, 경상우수사는 **원균***이었습니다. 이 장수들이 모두 힘을 모아 왜군에 맞서 싸우며 조선의 바다를 지켜 낸 것입니다.

이순신은 임금의 명을 받고 전라좌수영이 있는 여수로 향했습니다. 전라좌수사라는 무거운 직책을 맡게 된 이순신은 어디서부터 조선 수군과 병영(군대가 집단으로 머무는 곳)을 정비해야 할지 마음이 답답했습니다. 한없이 크고 넓은 바다를 바라보며 이순신은 깊은 시름에 잠겼습니다.

"내가 이곳에 있는 한 그 누구도 감히 조선 땅을 넘보지 못하리라."

전라좌수사라는 높고 무거운 자리에 오른 이순신은 그 어느 때보다 막중한 책임감을 느끼며, 아름다운 여수 바다를 바라보면서 굳게 다짐했습니다.

업무를 시작한 이순신은 먼저 그간 왜구가 침입한 기록부터 살펴보기 시작했습니다. 그들의 특성과 장단점을 파악하기 위함이었습니다. 또 배와 무기를 점검하고 수리하면서 철저히 관리했고, 군사들의 훈련도 엄격하게 실시하여 군대의 기강을 바로 잡았습니다. 강직하고 냉철한 성품인 만큼 이순신은 잘하는 군사들에게는 상을 내렸고, 잘못을 저지르는 군사들에게는 엄한 벌을 내렸습니다. 이순신의 감독과 격려로 군사들의 기강은 서서히 잡히기 시작했고, 꾸준하고 성실한 훈련 덕분에 조선 수군은 최고의 정예부대(썩 날래고 용맹스러운 군사로 이루어진 부대)로 성장했습니다.

이순신이 군대를 정비하며 가장 관심을 기울인 것은 화포와 화살 등의 무기와 함선(군함, 선박 따위를 통틀어 이르는 말)이었습니다.

일본에 신식 무기인 조총이 있다면 조선에는 천자총통·지자

총통·현자총통·황자총통이라 불리는 화포가 있었습니다. 조선은 화약 제조 기술이 뛰어났기 때문에 화포가 발달할 수 있었고, 조선의 화포는 일본의 화포보다 그 위력이 훨씬 더 강했습니다.

육지의 싸움에는 조총이 유리하지만, 바다에서는 우리 화포가 압도적으로 강했습니다. 이순신은 만일을 대비하여 수차례 공문을 보내 화포에 쓸 화약을 지급해 달라고 요청하고, 다른 한편으로는 화포를 제작하기 시작했습니다.

그리고 당시 조선의 배는 2층 구조를 지닌 판옥선(널빤지로 지붕을 덮은 전투선으로, 임진왜란 당시 큰 활약을 함)이었습니다. 1층에는 노를 젓는 노꾼들이 있었고, 2층 갑판에서는 포와 활을 쏘는 전투 병사들이 설 수 있도록 되어 있었습니다. 판옥선은 적군이 함부로 배에 오르지 못하는 구조였기 때문에 전투에 유리한 장점을 지니고 있었습니다.

조선 시대에는 임진왜란 전에도 1510년 삼포왜란, 1555년 을묘왜변 등 여러 차례 왜구의 침입이 있었기에, 이미 판옥선으로 전투에 임하고 있었습니다. 그 후, 전쟁의 기운을 다시 느끼자 조선은 더 많은 판옥선을 만들었습니다.

봄볕이 화창한 5월의 어느 날, 이순신은 왜구의 침입에 대해 적어 놓은 기록을 살펴보던 중 허름한 문서 한 장을 발견했습니다. 너무 오래되어 자세히 알 수는 없었지만, 태종 때 있었던 거북선이란 배에 대해 적어 놓은 듯했습니다.

'칼을 잘 쓰는 왜구들에 대비하여 몸에는 철갑을 쓰고……'

"바로 이거다!"

큰 깨달음을 얻은 이순신은 즉시 자신의 부하인 군관 나대용을 불렀습니다. 그는 배에 관해 많은 지식과 기술을 알고 있는 전문가였습니다.

"태종 대왕 때 만들었다는 거북선이란 배에 관한 기록일세. 난 아무리 봐도 알 수 없으니 자네가 이걸 읽고 대강의 모습이라도 좀 그려 주게나."

거북선이라는 말에 나대용의 눈도 반짝 빛났습니다. 거북선에 대한 이야기는 어렴풋이 들어 알고 있었지만, 자세한 내용은 알 수 없어서 안타까워하던 참이었습니다. 문서를 집으로 가져온 나대용은 그날부터 밤을 새워가며 연구했습니다. 그러던 며칠 뒤 나대용은 설계도면을 그려 이순신 앞에 펼쳐 놓았습니다.

"처음에는 막막했지만 자세히 살펴보니 판옥선과 크게 다르지 않았습니다. 판옥선 위에 쇠못을 박은 단단한 덮개를 씌우고,

뱃머리에 용머리를 만들어 붙이면 비슷한 모양이 될 듯합니다."

그날부터 전라좌수영 본영에 있는 조선소(배 만드는 곳)에서는 판옥선 위에서 쇠못을 박은 뚜껑을 덮기 위해 박고, 두드리고, 붙이는 작업이 밤낮을 가리지 않고 여러 날 계속되었습니다. 드디어 뱃머리에 용을 닮은 머리까지 붙여지자 거북선은 제 모습을 갖추고 그 당당한 모습을 드러냈습니다. 바로 임진왜란 당시 큰 활약을 했던 우리나라 최초의 철갑선이 등장한 것입니다.

이렇듯 거북선은 판옥선을 수정, 보완하여 더욱 강하고 튼튼하게 만든 배입니다. 임진왜란 직전에 완성된 거북선은 뚜껑을 씌운 뒤 나무판에는 적병이 뛰어오르지 못하도록 무수한 송곳과 칼을 꽂았고, 뱃머리에는 무시무시한 용머리를 달아 그곳에서 화포가 발사되도록 만들었습니다. 또 배의 곳곳에서도 화포가 발사되었습니다. 거북선은 당시 조선을 지키는 데 큰 역할을 한, 그야말로 무적함대(겨룰 만한 적이 없는 강한 함대)였습니다.

한 걸음 더 깊이

임진왜란 당시 조선의 '무기'에 대해 알아볼까요?

화포와 총통

　화약은 고려 말부터 사용되었으나 당시 고려에는 화약을 제조할 수 있는 기술자가 없었기에 전량을 중국에서 수입해 사용했습니다. 그러다 **최무선***이 중국으로 건너가 화약과 화포 제조법을 배워 왔고, 이를 바탕으로 화약과 화포 연구를 계속 발전시켜 나갔습니다. 그리하여 조선 시대에 이르러서는 세계 최강 화약·화포 기술과 화약 무기를 갖게 되었습니다.

　또 조선 시대에는 화포를 발사하는 총통이 있었고, 총통은 그 크기에 따라 천자·지자·현자·황자총통으로 나닙니다. 장거리까지 발사되며 한 번에 여러 명을 무찌를 수 있었기에 화포의 위력은 실로 대단했습니다. 이처럼 이순신의 수군이 임진왜란에서 무패의 신화를 기록할 수 있었던 데에는 화포와 총통의 역할이 컸습니다.

신기전과 신기전기

　신기전은 1448년 조선 세종(세종 30년) 때 만들어진 로켓 추진 화살입니다. 크기별로 대신기전·산화신기전·중신기전·소신기전 등 여러 종류가 있습니다. 이 신기전을 발사하기 위해 만들어진 화차를 '신기전기'라고 하는데, 신기전기를 이용해 신기전에 화약을 붙여 발사하면 로켓처럼 빠른 속도로 멀리 날아가고, 한 번에 100여 발을 쏠 수도 있습니다. 화포가 해전에서 결정적인 역할을 했다면, 신기전은 육전(육지에서 치르는 전투)에서 큰 역할을 했습니다.

비격진천뢰

　조선 선조 때 화포장 **이장손***이 발명한 조선의 화약 무기입니다. 화포에서 발사되어 날아가 터지는 작렬포의 일종으로, 시한폭탄과 마찬가지로 발화 장치가 있어 폭발 시간을 조절할 수 있다는 특징이 있습니다. '비격진천뢰'는 멀리 날아가 땅에 떨어진 후, 폭탄 안에서 불이 일어나 폭발하는 무기이며, '폭발할 때 하늘을 진동하는 소리를 낸다'는 뜻을 지니고 있습니다.

　비격진천뢰는 큰 소리를 내며 땅에 떨어지면서 안에 든 날카로운 쇳조각인 철편이 흩어지는데, 이 폭탄을 맞으면 그 자리에서 죽게 되기 때문에 비격진천뢰의 위력은 대단했습니다. 일본은 조선의 비격진천뢰를 괴물처럼 여기며 두려워했습니다.

1592년, 임진왜란이 시작되다

한편, 일본은 조선을 침략할 준비를 하고 있었습니다. 조선에서도 이미 전쟁의 기운을 느끼고 있었던 것입니다. 이 무렵, 일본 최고의 권력자는 일본을 통일한 **도요토미 히데요시***였습니다. 당시 일본은 신식 무기인 조총을 가지고 있었는데 이 조총의 위력은 실로 대단했습니다. 도요토미 히데요시가 일본 천하를 통일할 수 있었던 것도 바로 조총의 힘 덕분이었습니다. 도요토미 히데요시는 일본의 천하 통일을 축하해 달라며 조선에 통신사(조선 시대에 일본으로 보내던 사신) 파견을 요청했고, 승승장구하며 자신의 세력을 계속 넓혀 갔습니다.

일본 천하를 통일하며 자신의 세상을 얻어 두려울 것이 없던 도요토미 히데요시는 더 큰 세력을 얻기 위해 명나라와 교류(문화나 사상 따위를 서로 통하게 함)하길 원했습니다. 겉으로 내세우는 구실은 무역과 교류였으나 일본은 명나라를 쳐서 중국 대륙을 얻은 후, 동아시아를 손에 넣으려는 커다란 야망(크게 무엇을 이루어 보겠다는 희망)을 품고 있었던 것입니다.

 일본은 조선에 사신(임금이나 국가의 명령을 받고 외국에 사절로 가는 신하)을 보내 명나라를 치는 데 필요한 길을 내어 달라고 했습니다. 이를 '정명가도'라 하는데 도요토미 히데요시가 보낸 편지에 이 내용이 들어 있었습니다. 명나라를 넘어 동아시아를 차지하려는 도요토미 히데요시가 넘어야 할 첫 관문이 바로 조선이었기 때문입니다. 하지만 조선은 일본의 부탁을 단호하게 거절했습니다. 이를 빌미로 일본은 조선을 침략할 준비를 시작했고, 마침내 기나긴 7년 전쟁 임진왜란이 시작된 것입니다.

 1592년 4월 13일, 일본 대장 **고니시 유키나가***가 이끄는, 조총으로 무장한 왜군이 부산으로 향했습니다. 조선에 대해 잘 알고 있었던 고니시 유키나가는 도요토미 히데요시의 신뢰를 얻으며 이번 전투의 선봉대장(제일 앞에 진을 친 부대를 지휘하는 장수)이 되었습니다.

 부산 앞바다에서 왜군을 제일 처음으로 목격한 장수는 부산진 첨절제사 **정발***이었습니다.

 "왜구가 침입했다! 속히 전투를 준비하라!"

 왜군은 점점 더 가까이 다가왔습니다. 그들은 어깨에 신식 무기인 조총을 메고 있었습니다. 순식간에 커다란 소리와 함께 여기저기서 탄환이 날아왔습니다.

갑작스러운 왜구의 침입에 조선 군사들은 우왕좌왕했고 정발 역시 당황했으나 곧 침착함을 유지하며 군사들과 반격(되받아 공격함)을 준비했습니다.

왜군의 규모는 실로 어마어마했습니다. 왜선은 마치 까마귀 떼처럼 몰려오고 있었습니다.

정발은 서둘러 포구(배가 드나드는 어귀)로 돌아와 왜구의 침입 소식을 조정에 알리며 상관들에게 보고를 올렸습니다. 조선의 군사는 턱없이 부족했고, 신식 조총과 활의 대결이었기 때문에 조선이 이길 가능성이 거의 없는 싸움이었습니다. 하지만 정발은 포기하지 않고 군사들을 격려했습니다.

"죽을 각오로 싸워 나라를 지켜라. 그것이 우리가 해야 할 일이다."

조선 군사들이 왜군의 조총을 맞고 여기저기서 쓰러졌고, 조선의 방어벽은 서서히 무너졌습니다. 하지만 정발은 포기하지 않고 끝까지 활시위를 당겼습니다. 그때였습니다. 어느새 왜군이 쏜 총탄이 날아와 정발의 가슴에 박혔습니다. 가슴에 뜨거운 통증을 느낀 정발은 그 자리에서 쓰러져 죽음을 맞이했습니다.

정발의 부산성이 함락(적의 공격을 받아 무너짐)되자 왜군은 그 기세를 몰아 서평포와 다대포를 연이어 공격했습니다. 모두 함락되자 고니시 유키나가는 마침내 동래성으로 쳐들어왔습니다. 동래부사 **송상현*** 역시 죽을 각오로 왜군을 막아 싸웠으나 역부족(힘이나 기량 따위가 모자람)이었습니다. 결국 동래성마저도 함락되고 말았습니다.

부산성과 동래성의 연이은 함락 소식이 조정에 전해졌습니다. 그러자 조정은 매우 혼란한 상황에 빠졌습니다.

"전하, 더는 시간이 없사옵니다. 왜군이 더 몰려오기 전에 속히 **신립*** 장군을 보내십시오!"

조정에서는 긴급회의를 열어 대신들의 의견을 들었습니다. 신립은 지난날 여진족을 물리치며 전투에서 큰 공을 세운 장수였기에 임금과 조정 신하들의 믿음이 두터웠습니다.

1592년 4월 23일, 마침내 신립은 군사 3천여 명을 이끌고 충주로 향했습니다. 닷새 후 4월 28일, 신립이 이끄는 조선 군사들은 왜군에 맞서 충주 탄금대에서 전투를 벌였습니다. 하지만 신립이 아무리 훌륭한 장수라 해도 3천여 명의 군사로, 조총으로 무장한 일본 기병(말을 타고 싸우는 병사)과 보병(육군의 대부분이며, 소총으로 무장한 병사) 2만여 명을 감당할 수는 없었습니

다. 안타깝게도 신립의 조선군은 이번에도 일본에 무참히 패하고 말았습니다.

　패전의 책임을 느낀 신립은 강물에 뛰어들어 스스로 목숨을 끊었습니다. 반면, 연이은 승리로 기세등등한 왜군은 그 후 조선의 수도 한성으로 돌진했습니다.

한 걸음 더 깊이

임진왜란 당시 조선과 일본의 '함선'에 대해 알아볼까요?

조선의 판옥선과 거북선

판옥선은 1555년(명종 10년) 을묘왜변 이후에 제작된 조선 시대 수군의 대표적인 전투선입니다. 점점 커지는 왜선의 규모를 감당하기 힘들었던 조선은 그동안 사용하던 맹선을 대신하여 지붕을 덮어 2층 구조로 된 배를 만들었습니다. 1층에는 노를 젓는 군사들을, 2층에는 공격을 담당하는 군사들을 배치하여 서로 충돌 없이 각각의 역할을 충실히 수행하면서 전투를 치를 수 있게 했습니다. 배에 탈 수 있는 인원은 약 130명이었고, 조선 말기에는 200명까지 늘어났습니다.

왜군은 해전에서도 적의 배로 뛰어들어 칼과 창으로 승부를 가리는 것을 선호했습니다. 하지만 판옥선은 높은 2층 구조로 되어 있기에 왜군이 기어오를 수가 없었습니다. 또 판옥선의 높은 구조 덕분에 위에서 아래를 향해 활을 쏘기 편했고, 함포를 높이 설치할 수 있어 명중률도 높았습니다. 이렇듯 기동성(상황에 따라 재빠르게 움직이거나 대처하는 특성)과 견고함을 두루 갖춘 판옥선은 임진왜란 때 거북선과 함께 해전에서 큰 활약을 한 전투선입니다.

판옥선을 비롯한 한국의 전통 배는 주로 소나무를 사용해 제작했습니다. 일본의 전통 선박에 주로 사용되는 삼나무나 전나무에 비해 소나무는 강도와 내구성(원래의 상태에서 변형됨이 없이 오래 견디는 성질)이 뛰어났기에 임진왜란 당시 조선은 일본과의 해전에서 승리를 거듭할 수 있었습니다.

조선의 함선 중에 빼놓을 수 없는 것은 바로 '거북선'입니다. 임진왜란이 일어나기 하루 전에 완성된 거북선은 판옥선을 수정하고 보완해 개발한 전투선으로, 판옥선의 상장 갑판 윗부분을 제거하고, 그 자리에 둥근 덮개를 씌워 군사를 보호한 특수 군선입니다. 거북선은 개판이 매우 두꺼웠고, 그 위에 뾰족한 철침을 설치했기에 적이 뛰어드는 것을 막을 수 있었고, 화살과 조총도 어느 정도 막아 낼 수 있었습니다.

1층 갑판에 있는 군사들은 보호할 수 있었지만 2층 갑판의 군사들은 보호할 수 없었던 판옥선의 단점을 보완해, 거북선은 배에 탄 모든 사람들을 보호할 수 있었습니다. 이렇듯 판옥선과 거북선은 임진왜란 해전에서 조선 수군의 승리에 가장 큰 역할을 한 조선의 든든한 함선입니다.

일본의 세키부네

세키부네는 일본 센코쿠 시대에서 에도 시대에 걸쳐서 사용된 군함 중 하나입니다. 임진왜란 당시 일본의 군함에는 아타케부네(아타케), 세키부네, 고바야 등이 있었는데, 임진왜란 초, 해전에서 주로 활약한 일본 군함은 세키부네였습니다.

세키부네를 비롯한 일본 전통 선박은 얇은 삼나무 혹은 전나무로 만들어졌습니다. 얇은 판재를 사용했기에 가볍고 정밀해 회전력이 좋고 속도를 낼 수 있어서 기동력이 우수하다는 장점이 있으나, 소나무가 주재료인 조선의 판옥선에 비해 내구성과 강도가 크게 떨어진다는 단점이 있습니다.

세키부네의 밑바닥은 배의 바닥이 평평한 평저선과 V형으로 뾰족한 첨저선의 중간 형태를 띠었는데, 밀물과 썰물 때 물 높이의 차가 심한 한반도 서해와 남해에서 불리하게 작용했습니다. 이순신 장군은 이러한 세키부네의 단점을 잘 알고 있었기에 명량 울돌목의 조류 특성을 이용하여 명량 해전에서 기적 같은 승리를 이루어 낼 수 있었습니다.

세키부네에도 부분적으로 2층 갑판이 있었으나 선체의 높이가 판옥선에 비해 낮고 크기도 작아 승선 인원과 무기를 실을 수 있는 양이 판옥선에 비해 크게 부족했습니다. 이렇듯 일본의 세키부네는 모든 면에서 조선의 판옥선에 비해 뒤떨어졌습니다. 임진왜란 당시 일본이 해전에서 수없이 패했던 이유는 조선의 명장 이순신 장군의 뛰어난 능력과 더불어 조선보다 힘이 약한 함선과 무기 때문이기도 합니다.

마침내 첫 승리, 옥포 해전

왜군이 조선을 침략했다는 소식이 이순신이 머무는 전라좌수영에 전달된 것은, 왜란이 일어난 지 이틀 뒤인 4월 15일이었습니다.

그날은 국기일(임금이나 왕후의 제삿날)이었기 때문에 이순신은 공무(국가나 공공 단체의 일)를 보지 않고 안채에 있었습니다. 그런데 저녁 무렵, 경상우수사 원균으로부터 왜선 350여 척이 부산 앞바다에 머물고 있다는 보고와 함께 부산과 동래가 함락되었다는 소식이 전해졌습니다. 진작부터 전쟁의 기운을 느꼈던 이순신은 사태의 심각성을 깨닫고 조정을 비롯한 각 진영에 서둘러 공문을 보냈습니다.

이순신은 임금의 출전 명령을 기다리며 여수의 포구를 지키기 위해 대비 태세를 갖추었습니다. 또한 무기와 배, 화약 등을 점검하고 군사들을 대기시키며 방어 준비를 마쳤습니다.

"전라좌수사 이순신은 경상우수사 원균을 도와 왜적을 막는

데 힘쓰라!"

 마침내 선조의 출전 명령이 떨어졌습니다. 이순신은 다시 한 번 각오를 다지며 출전 준비를 마치고 부산 앞바다를 향해 나아갔습니다.

 선조는 신립의 승리를 믿어 의심치 않았습니다. 하지만 4월 29일, 신립이 이끄는 군대가 충주 탄금대에서 패배하고 왜군이 한성으로 몰려오고 있다는 소식이 들려오자 선조는 서둘러 한성을 떠날 준비를 했습니다. 그러자 여기저기서 탄성이 터져 나왔습니다.

 "전하, 백성을 버리시면 아니 되옵니다."

 "전하께서 옥체(임금의 몸)를 보존하셔야 조선이 살아날 수 있습니다. 그러니 속히 떠나시고 명나라에 원병(전투에서 자기편을 도와주는 군대)을 청하여 회복을 꾀하소서."

 조정 대신들의 의견이 나뉘었으나 왜군이 한성으로 쳐들어오고 있는 이상 임금이 피난을 가야 한다는 의견이 많았습니다. 선조는 세자(임금의 아들)와 왕비와 함께 수행원들을 거느리고 궁궐을 나섰습니다.

 결국 선조가 전쟁이 시작된 지 불과 보름 만에 200년 도읍지인 한성을 버리고 피란을 떠나자 조선의 백성들은 몹시 슬퍼하면서도 분노했습니다. 어려운 시기에 백성을 버린 임금이 원망스러웠던 것입니다. 분노한 백성들은 경복궁과 창경궁 등 궁궐에 불을 지르고, 형조(조선 시대에 법률·소송·형옥·노예 등에 관한 일을 맡아보던 관아)에 보관 중이던 노비 문서를 불태웠습니다. 한성을 출발한 3일 후 선조의 일행은 개성에 도착했습니다.

일본 고니시 유키나가가 이끄는 군대는 5월 2일에, **가토 기요마사***의 군대는 5월 3일에 각각 한성에 들어왔습니다. 한성을 수비하던 장수들은 온 힘을 다했으나 한강을 방어하는 데 실패하여 물러날 수밖에 없었습니다.

5월 초, 임금이 자리를 비운 한성은 곧바로 왜군에 의해 점령당했습니다. 왜군은 한성을 본거지로 삼은 뒤 잠시 전열(전쟁에 참가하는 부대의 대열)을 재정비하고 계속 북상했습니다. 왜군의 가혹한 수탈(강제로 빼앗음)로 인해 백성들의 삶은 더욱 피폐해졌고, 고충은 이루 말할 수 없었습니다.

개성에 머무르던 선조 일행은 한성이 왜군에 의해 함락되었다는 소식을 듣자 다시 평양으로 이동했습니다. 그 후, 임진강 방어마저 실패하여 개성이 함락되고 왜군이 계속 북쪽을 향해 올라온다는 소식을 듣자 평양 방어마저 포기하고 의주로 이동했습니다.

바다에서는 왜군이 500여 척의 배를 이끌고 경상도를 공격하자 왜군의 기세에 밀려 많은 군사를 잃었던 경상우수사 원균은 이순신에게 구원을 요청했습니다. 당시 원균의 수군은 70여 척의 전선을 모두 잃고 겨우 6척만 남은 상황이었습니다. 이에 이순신은 판옥선 24척, 협선 15척, 포작선 46척 등 총 85척을 이끌고 나가 원균의 수군과 합세했습니다.

1592년 5월 7일, 이순신은 원균과 함께 바다에서 작전을 세웠고, 마침내 옥포(지금의 경상남도 거제시 옥포동) 앞바다에서 첫 번째 해전이 시작되었습니다. 조선 함대는 옥포 포구에 머물고 있던 왜선 30여 척을 발견하고는 이를 동서로 포위했습니다. 조선 수군은 포구를 빠져나오려는 왜선을 맹렬히 공격하기 시작했고, 치열한 전투가 이어졌습니다. 조선 수군은 수적으로 매우 불리했으나 이순신은 침착하게 군사들을 지휘했습니다.

"가벼이 움직이지 말고 침착하게, 태산같이 무겁게 행동하라."

"적이 달아날 시간을 주지 마라! 기습(갑자기 들이쳐 공격함) 공격하라!"

조선 수군은 왜군에 비해 그 수가 턱없이 부족했으나, 이순신의 뛰어난 전략과 전술로 큰 피해 없이 왜선 26척을 부수고 4천여 명의 왜군을 사살하며 마침내 옥포에서 첫 승을 이루어 냈습니다. 연이어 달아나는 왜군을 추격해 합포(경남 마산)에서 5척, 적진포(통영시 광도면)에서 11척을 불태우며 전과(전투나 경기 따위에서 올린 성과)를 올렸습니다.

옥포 해전의 승리로 조선 수군의 사기(의욕이나 자신감 등이 가득 찬 기세)는 올라갔고, 조정에서는 원균과 이순신이 합심하여 이루어 낸 승리라며 두 사람의 공을 크게 칭찬했습니다. 하지만 원균은 이순신이 그의 부하들 공로만 높이 사고, 자기 부하들의 공은 제대로 인정해 주지 않는다며 이순신에게 불만을 품게 되었습니다.

옥포 해전 이후로 원균과 이순신 두 사람의 사이는 급격히 나빠졌습니다. 훗날 원균에 대한 평가는 '전장을 거침없이 누비던 유능한 장수'와 '야심이 넘치는 장수'로 나뉘게 되었습니다.

옥포 해전 이후에도 왜군은 자주 조선 곳곳을 침입했습니다. 하지만 그때마다 이순신이 이끄는 수군은 뛰어난 전략으로 왜군을 무찔렀고, 조선 수군의 위엄찬 모습을 실감한 왜군은 이순신이 이끄는 수군을 몹시 두려워했습니다.

거북선의 등장과 계속되는 승리

1592년 5월 29일, 사천에 왜선이 침입했다는 경상우수사 원균의 공문을 받고 이순신은 사천에 있는 왜군을 물리치기 위해 작전을 세웠습니다. 이때 거북선이 처음으로 등장했습니다. 이순신은 거북선을 포함한 전선 23척을 이끌고 5월 29일 여수를 출발해 노량 앞바다에 이르렀습니다. 그곳에서 전선 3척을 이끌고 온 원균의 수군과 합세했습니다.

거북선의 위용은 실로 대단했습니다. 옥포 해전의 승리로 조선 수군의 사기 또한 높았던 터라 이순신의 수군은 두려울 것이 없었습니다. 무시무시한 모습을 뽐내는 조선 수군의 무적함대 거북선은 머리에서 불을 뿜고 사방에서 화포를 쏘아 대며 왜군을 맹렬히 공격했습니다.

이에 왜군은 조총으로 맞섰으나 거북선의 철갑을 뚫지는 못했습니다. 왜군이 당황하자 그 틈을 놓치지 않고 조선군은 집중포화(하나의 대상에 집중하는 포화)를 퍼부었습니다. 곧 왜군은 겁을

먹고는 배를 버리고 달아나기 시작했습니다. 그러자 조선 연합군은 남아 있는 왜선을 모조리 불태워 버렸습니다.

조선 연합군은 왜선 10척을 격파했고 다음 날 나머지 2척도 격파했습니다. 5월 29일부터 6월 1일 아침까지 전라좌수영의 이순신 함대를 중심으로 한 조선 연합군은 사천 해전을 통해 왜선 13척을 격침시키고, 왜군 2천600여 명을 사살하며 큰 승리를 거두었습니다.

"장군님, 괜찮으십니까."

"나는 괜찮으니 가서 다친 군사들을 살피거라."

조선 수군은 또다시 해전에서 승리를 거두었으나 사천 해전에서 이순신은 왜군의 조총에 어깨를 다쳤고, 조선의 많은 장수와 수군이 부상을 입었습니다. 이때 입은 깊은 상처로 이순신은 오랫동안 고생해야 했습니다.

1592년 6월 1일 낮 12시 무렵, 이순신의 함대 23척과 원균이 이끄는 전선 3척은 삼천포 앞바다를 거쳐 사량도에 이르러 그곳에서 밤을 보냈습니다. 어깨 부상의 통증 때문에 쉬이 잠을 이루지 못하던 이순신이 겨우 잠들었을 때, 군관 한 사람이 달려와 다급한 목소리로 말했습니다.

"장군님, 왜선이 당포(지금의 통영시 산양읍 삼덕리)에 침입했다고 합니다."

"당장 출전 준비를 하라!"

지칠 대로 지친 이순신에게 잠깐의 휴식도 허락되지 않았습니다. 6월 2일 오전 8시, 이순신은 다시 전투 준비를 갖추고 전장으로 향했습니다. 보고받은 대로 왜선 20여 척이 당포에 닻을 내리고 머물러 있었습니다.

조선 수군의 함대가 접근하자 왜군은 조총으로 먼저 공격하기 시작했습니다. 이순신의 수군은 판옥선과 더불어 죽을힘을 다해 총공격을 퍼부었고, 거북선을 앞세워 현자총통을 비롯한 천자·지자총통으로 맞서 싸웠습니다.

이어 화포와 화살을 왜장(일본 장수)이 타고 있는 왜선에 집중 공격했고, 중위장 **권준***이 쏜 화살은 마침내 왜장의 가슴에 명중했습니다. 대장을 잃은 왜군은 당황하기 시작했고, 왜군의 사기가 떨어진 틈을 타 조선 수군은 다시 맹렬히 공격했습니다. 첨사 김완과 군관 진무성이 왜선에 올라 왜장의 목을 베었습니다. 왜장이 죽자 전의를 상실한 왜군은 육지로 달아나기 시작했습니다.

옥포·합포·적진포·사천 해전에 이어 승리한 다섯 번째 해전인 당포 해전의 결과, 왜선 21척이 모두 격침되었고 수많은 왜군이 사망했습니다. 이순신은 사천 해전에서 입은 부상 때문에 제대로 전투를 치를 수 없었지만, 거북선을 앞세워 왜장선을 집중 공격했던 치밀한 전략과 그의 부하 권준이 맹활약한 덕분에 당포 해전에서도 승리를 거두었습니다.

이후 조선 수군은 1592년 6월 5일 **당항포 해전***, 1592년 6월 7일 **율포 해전***에서도 값진 승리를 이루어 냈습니다. 계속되는 전투로 조선 수군은 많이 지쳐 있었으나 연이은 승리로 자신감을 얻었고, 왜군에게 이순신의 조선 수군은 시간이 흐를수록 점점 더 두려운 존재가 되었습니다.

이 무렵, 임진강에서 도원수 **김명원***이 지휘하는 관군(국가에 소속되어 있던 정규 군대)이 왜군을 방어하려 했으나 오히려 왜군의 작전에 휘말려 실패하게 되었습니다. 충청도, 전라도, 경상도의 대군마저 왜군에 크게 패하자 더 이상 관군에게 희망이 없었습니다.

임진강의 방어를 뚫은 왜군은 계속 북상했습니다. 평안도 부근으로 침입한 고니시 유키나가의 군대는 평양을 점령한 뒤 본 거지로 삼았습니다. 가토 기요마사의 군대는 함경도로 침입했으며 **구로다 나가마사***의 군대는 해주를 본거지로 삼고 고을로 들어가 아무런 잘못이 없는 조선 백성들을 괴롭히며 온갖 것들을 강제로 빼앗았습니다.

한편, 더는 물러설 곳이 없었던 선조는 명나라에 사신을 보내 도움을 요청했습니다. 1592년 6월 16일, 조선이 일본에 평양성을 빼앗기자 마침내 명나라는 군사를 보내 조선을 돕기로 했습니다. 명나라의 원병 지원과 더불어 절망적인 상황에서도 조선에 한 줄기 빛이 보이기 시작했습니다. 그 희망의 빛은 바로 '의병'이었습니다.

한산도 대첩, 학익진으로 대승하다

1592년 5월 29일부터 제2차로 출동한 이순신의 수군은 6월 10일까지 사천·당포·당항포·율포 해전 등에서 연이은 승리를 거두었으나 육지에서는 계속 패전의 소식만 들려왔습니다. 해전에서는 고전(몹시 힘들고 어렵게 싸움)을 면치 못했던 왜군이 육전에서 힘을 얻자 일본 수군의 사기도 다시 오르기 시작했습니다.

이 무렵, 일본 수군이 조선 수군에 크게 패했다는 소식을 들은 도요토미 히데요시는 큰 충격에 빠졌습니다. 일본의 입장에서 이순신은 제일 먼저 없애야 할 철천지원수(하늘에 사무치도록 한이 맺히게 한 원수)가 되었습니다.

도요토미 히데요시는 모든 병력을 동원하여 이순신을 없앨 것을 명령했습니다. 이에 왜군의 선봉대장 **와키자카 야스하루***의 제1진은 전선 70여 척을 거느리고 웅천 방면에서 출동했고, **구키 요시타카***의 제2진은 40여 척을, **가토 요시아키***의 제3진도

많은 함선을 이끌고 합세했습니다. 이렇듯 왜군은 이순신을 없애기 위해 철저한 준비를 하고 부산을 떠나 견내량으로 향했습니다.

왜군이 부산을 떠났다는 소식을 듣자 이순신은 경상우수사 원균과 전라우수사 이억기에게 알린 뒤 출전 준비를 시작했습니다. 그리하여 1592년 7월 6일, 이순신, 원균, 이억기의 조선 연합군은 50여 척의 함대를 갖추고 출전에 나섰습니다.

역시나 소식대로 왜선 70여 척이 견내량에 정박해 있었습니다. 당장이라도 공격하고 싶었으나 견내량은 암초(물속에 잠겨 보이지 않는 바위나 산호)가 많고 물길이 좁았던 탓에 전투를 치르기 힘든 곳이었습니다.

1592년 7월 8일, 이순신은 전략을 세워 유인 작전을 시도했습니다. 조선 수군이 견내량으로 들어가 공격을 시도하는 척하며 왜군을 끌어내려 했던 것입니다. 조선 수군이 견내량에 들어서서 공격을 시도하자 다급해진 왜군은 반격을 준비했고, 조선 수군은 이때를 놓치지 않고 배를 돌려 견내량을 빠져나왔습니다.

왜군은 조선 수군이 후퇴하는 줄로만 알고 끝까지 뒤쫓아와 모두 견내량을 빠져나왔습니다. 조선 수군의 유인 작전대로 왜군은 한산도 앞바다까지 나와 조선 수군을 추격했습니다. 왜선

이 모두 한산도로 들어서자 이순신이 작전을 명했습니다.

"학익진을 펼쳐라!"

마침내 한산도에서 본격적인 전투가 시작되었습니다. 조선 연합군이 모두 한산도 앞바다에 이르자 미리 세운 전략대로 동시에 모든 배가 북을 울렸습니다. 그러자 조선 연합군의 함대가 모두 뱃길을 돌리고 호각을 불면서 학익진을 펼치며 왜군을 향해 진격했습니다.

조선 연합군의 함대에서 불화살과 각종 포가 발사되었고, 왜선에서는 쉴 새 없이 조총 소리가 들려왔습니다.

뒤늦게 속은 것을 알게 된 왜군은 서둘러 후퇴했지만, 조선 연합군은 왜군의 배를 에워싸며 '학익진 전술'을 펼쳤습니다. 이 진법은 마치 학이 날개를 활짝 펼친 듯한 형태를 띠고 있어 '학익진'이라 불렀습니다.

조선 연합군은 거북선의 지자총통·현자총통·승자총통 등 모든 화력을 한꺼번에 쏘아, 73척의 왜선 중 격파하고 불사른 것만도 66척이나 되었습니다.

조선 연합군의 거침없는 맹공격에 왜군은 서둘러 견내량으로 달아났고, 선봉대장 와키자카 야스하루 역시 전장을 빠져나가 도망쳤습니다. 이때 왜군의 목을 잘라 온 것이 86급, 물에 빠지거나 찔려죽은 수가 수백 명에 이르렀으며, 한산도로 도망친 400여 명은 13일간을 굶주리다가 가까스로 달아났습니다.

이 싸움은 임진왜란 때의 3대 대첩 중 하나로, 그 결과 일본 수군은 전멸했고 이순신은 그 공을 인정받아 정헌대부(정2품), 이억기와 원균은 가의대부(종2품)로 승진했습니다.

이렇듯 연이은 조선 수군의 승리로 이순신은 높은 벼슬에 오르게 되었습니다. 원균 역시 전투에서 공을 인정받아 승진했으나 이순신보다 낮은 벼슬이었기에 불만을 품었습니다. 한산도 대첩 이후 두 사람의 사이는 더욱 나빠졌습니다.

해전을 승리로 이끈 공은 누가 뭐라 해도 이순신이 가장 컸으나, 훌륭한 장수 곁에는 그만큼 훌륭한 부하들이 있기 마련입니다. 전라우수사 이억기 역시 이순신을 도와 조선 수군이 승리하는 데 큰 역할을 한 훌륭한 장수였습니다.

다시 전의를 불태우다

이순신 함대가 한산도 대첩을 승리로 이끈 후 가덕도로 향하던 중, 경남 진해의 안골포에 왜선 40여 척이 머물고 있다는 정보를 입수했습니다. 이에 이순신은 7월 10일 새벽에 이억기, 원균과 합세하여 또다시 전투 작전을 세웠습니다.

하지만 안골포는 물의 깊이가 얕고 폭이 좁아서 규모가 큰 조선의 주력 함대인 판옥선이 쉽게 출입할 수 없었습니다. 그래서 조선 연합군은 왜선을 포구 밖으로 유인하려고 했습니다. 하지만 한산도 대첩에서 이미 유인 작전에 휘말려 참혹한 패배를 당했던 왜군은 쉽게 포구 밖으로 나오려 하지 않았습니다. 이에 이순신은 장수들과 교대로 포구 안을 드나들면서 왜군을 공격하는 것으로 작전을 바꿨습니다.

조선 연합군이 공격을 시작하자 왜군도 반격을 시작했습니다. 왜군의 공격으로 조선 수군 측에서도 죽거나 다친 사람이 발생했으나 조선 연합군은 왜군 함대 20여 척을 격파하고, 왜군 수백 명을 사살하며 안골포 해전에서도 승리를 거두었습니다.

 왜군은 그날 하루 종일 이어진 전투에서 함선 20여 척과 수많은 군사를 잃은 뒤 육지로 도망쳤습니다. 이순신의 마음 같아서는 남겨진 왜선을 모조리 불태우고 싶었으나 왜군이 육지에서 고립되면 안골포 백성들을 해칠 우려가 있었기 때문에, 그들이 어둠을 틈타 도망칠 수 있도록 왜선 일부를 남겨 두었습니다. 이처럼 이순신은 조선 백성들의 안전을 제일 먼저 생각하고 배려하며 전쟁에 임하는 혜안(사물을 꿰뚫어 보는 눈과 식견)을 지니고 있었습니다.

 안골포 전투는 불과 이틀 전에 벌어진 한산도 대첩과 더불어 왜군의 주력 함대를 격파하는 성과를 올리며 조선군의 사기를 한층 더 높이는 계기가 되었습니다. 연이은 패배로 사기가 떨어진 왜군은 호남(전라남도와 전라북도)으로 진격하려는 계획을 포기하게 되었습니다. 이로써 남해안에 출몰하던 왜군은 모두 부산으로 쫓겨갔습니다.

 한편, 피난 중에 명나라에 사신을 보내 원병을 원했던 선조의 구원 요청을 받은 명나라에서는 조선의 파병(군대를 파견함)과 관련해 의견이 나뉘었지만, 결국 명나라는 조선의 요청을 받아들이고 군사를 보냈습니다.

이에 명나라 **조승훈***은 5천여 명의 군사를 이끌고 고니시 유키나가의 본거지 평양성을 공격하기로 했습니다. 1592년 7월 15일, 평양에 도착한 조승훈의 군대는 깊은 밤에 평양성을 공격했으나 오히려 왜군의 기습 작전에 휘말려 크게 패하고 말았습니다. 위기에 빠진 조선을 돕기 위한 명나라의 1차 구원은 이렇게 실패로 돌아갔으며, 조승훈은 남은 군사들을 이끌고 물러날 수밖에 없었습니다.

이순신 함대가 여수 본영으로 돌아온 것은 1592년 7월 13일이었습니다.

당시 부산포는 왜군들의 전초 기지(침략군이 남의 나라를 공격하기에 유리한 최전방 지역에 설치한 군사 기지)였으며, 왜선이 왕래할 수 있는 유일한 항구였습니다. 부산포에 있는 일본 수군들을 소탕하고 통로를 막는다면, 왜군은 본국으로부터의 전쟁 물자와 병력을 공급받을 수 없게 되어 육지에 있는 왜군들도 고립될 것이었습니다.

이순신은 여수 본영으로 돌아와 이번 기회에 부산에 머무르는 왜군을 모조리 없앨 전략을 세웠습니다. 하지만 당시 부산에 있던 왜군의 수는 7만여 명, 그리고 왜선 500여 척이 부산을 철통같이 지키고 있었습니다. 당시 조선 수군의 전선 51척으로 부산을 공격한다는 것은 어림없는 일이었습니다. 그럼에도 이순신은 새로 배를 만들고 화포를 제작하며 군사들을 더 열심히 훈련 시키는 일에 온 힘을 쏟았습니다.

그로부터 약 2개월 후인 1592년 9월 1일, 이순신, 이억기, 원균의 조선 연합군은 부산 앞바다에 머무르고 있는 왜선 500여 척을 향해 거북선을 앞세워 공격했습니다. 당시 조선 수군의 배는 170여 척 정도였으며 이 전투에서 왜선 130여 척을 격침시켰습니다.

이번에도 조선 수군은 적은 수의 군사로 승리했으나 왜군의 상당수가 육지로 달아나 놓쳐 버렸습니다. 조선은 수군뿐만 아니라 육군의 수도 한없이 부족했던 터라 달아난 왜군을 상대로 전투를 치를 수 없었기 때문에 이 전투는 조선의 입장에서 많은 아쉬움이 남았습니다. 게다가 그 어느 때보다 치열했던 부산포 해전에서 이순신은 매우 아끼던 부하 녹도만호 정운*을 잃어 한동안 몹시 슬퍼하며 탄식했습니다.

조선 수군의 연이은 승전 소식은 육지까지 전해져 왜군에게 가혹한 수탈을 당하던 조선 백성들에게 희망의 불씨가 되었습니다

다. 이순신은 조선 수군을 지휘하고 보살필 뿐만 아니라 왜군의 만행(야만스러운 행위)으로 살아가기 힘든 조선 백성들까지 지극히 보살펴 주었습니다. 전쟁에서 세운 군사들의 공을 잊지 않고 세세히 기록했으며, 전사한 군사들의 유가족(죽은 사람의 남은 가족)까지 챙겨 주었습니다.

또한 이순신은 조선 군사들과 백성들을 아끼고 사랑했으나 그들이 잘못을 저지르면 단호하게 벌을 내렸습니다. 가족이 걱정돼 근무지를 마음대로 벗어난 수군 병사에게 죄를 물어 그를 처형했고, 가짜 소문을 퍼뜨려 백성들을 혼란스럽게 만든 자의 목숨을 거두었으며, 백성들이 왜군의 수탈과 괴롭힘을 피해 먹고 살 수 있도록 농사를 지을 수 있게 해 주었습니다.

이처럼 이순신은 공公(여러 사람과 관계되는 국가나 사회의 일)과 사私(개인적인 사사로운 것)의 구분이 확실한 사람이었으며, 장수로서 재능이 뛰어났을 뿐만 아니라 한 인간으로서도 어진 성품을 지닌 훌륭한 인물이었습니다.

바다에는 수군, 육지에는 의병

계속되는 승리로 조선 수군의 사기는 올라갔고, 부산포 해전의 승리는 전국에서 의병이 일어나는 결정적 원인이 되었습니다. 기나긴 7년 전쟁인 임진왜란을 치르는 동안 이순신과 더불어 조선을 지킨 훌륭한 장수들이 많았습니다. 그리고 일반 백성 중에서도 목숨을 걸고 나라를 지킨 사람들이 있었는데 이들을 '의병'이라고 합니다.

시간이 흐를수록 조선 백성들은 더더욱 살기 힘들어졌습니다. 왜군이 백성들의 식량을 빼앗고 괴롭히며 극심한 횡포를 부렸기 때문입니다. 이에 조선 의병들은 전략을 세워 왜군을 공격하기 시작했습니다. 이들 중에는 붉은 옷을 입고 나타난 경남 출신 의병장이 있었는데 그가 바로 '홍의장군'이라 불린 **곽재우***입니다.

그는 자신의 재산을 털어 고향인 의령에서 2천여 명에 이르는 의병을 일으켰고, 이들을 이끌고 의령·창녕 등지의 산악에 매

복하고 있다가 신출귀몰하며 왜군을 물리쳤습니다. 그 활약은 실로 대단했는데 왜군의 호남 진격을 저지했고, 왜군들의 주요 보급로인 낙동강에 진을 치고 있다가 기습 공격을 함으로써 그들의 보급로를 끊어 놓았습니다. 기습 공격과 매복이 성공을 거두어 관군도 이기지 못한 왜군을 격파하면서 유명해졌습니다. 그의 용맹성에 놀란 왜병들은 곽재우의 이름만 들어도 두려워했다고 합니다.

의병은 전국 곳곳에서 일어났습니다. 경상도에서는 곽재우, 정인홍, 김면, 전라도에서는 김천일과 고경명, 충청도에서는 조헌, 함경도에서는 정문부, 황해도에서는 이정암, 평안도에서는 조호익, 양덕록, 경기도에서는 심대, 홍계남 등이 스스로 군사를 모아 왜군과 맞서 싸웠습니다.

의병 운동 초기에는 대부분이 유학자들이었지만 나중에는 승려(불교의 출가 수행자)들도 나라를 지키기 위해 의병 활동에 참여했습니다. 서산대사 휴정, 사명대사 유정 등이 승군(승려들로 조직된 군대)을 이끌었던 주요 인물입니다.

의병들은 정식으로 훈련받은 군사들이 아니었기에 왜군과 전면전(일정한 범위 전체에 걸쳐 벌어지는 전쟁)을 치르는 대신 게릴라 전술(소규모의 유격대가 기습 공격함으로써 적을 혼란스럽게 하는 전술)로 맞섰습니다. 사기가 떨어졌던 조선의 관군도 의병의 활약으로 다시 전투 준비를 갖추고 정비를 한 후 여러 전투에서 승리했습니다. 임진왜란의 승리는 의병이 있었기에 가능한 것이었습니다. 이순신의 조선 수군과 의병, 그리고 명나라의 지원은 임진왜란 7년 전쟁의 든든한 동력이 되었습니다.

이렇듯 훌륭한 장수 곁에는 정의로운 의병들이 있었습니다. 하지만 이들은 가족을 지키고 나라를 사랑하는 마음으로 목숨을 바쳐 싸웠으나 몇몇 의병장을 제외하고는 훗날 제대로 된 공을 인정받지 못했습니다. 임진왜란의 진정한 영웅은 어쩌면 이들, 바로 이름 모를 의병들일지도 모르겠습니다.

이 무렵, 한성을 떠난 선조는 명나라 근처 의주까지 피난을 갔습니다. 여차하면 조선을 버리고 명나라로 갈 생각이었던 것입니다. 훗날 선조는 전쟁 중에 백성과 나라를 버리고 자신의 안전만을 생각한 비겁하고 무능한 왕으로 기록되었습니다.

한 걸음 더 깊이

임진왜란의 숨은 영웅 '의병'에 대해 좀 더 알아볼까요?

　의병은 국가 또는 왕조가 외국의 침략, 내부의 반란 등과 같은 위기에 처했을 때 자발적으로 일으킨 병력이나 조직을 말합니다. 의군, 의진, 민군 등으로 불리기도 합니다. 양반, 상민, 천민 등 신분에 상관없이 참여했으며, 초기에는 주로 양반이나 유학자들이 의병을 이끌었고, 후에는 평민 출신의 의병장을 중심으로 활약했습니다.

　1592년 4월 13일, 왜군은 부산 앞바다에 나타난 이후 불과 며칠 만에 한성을 차지하고 평양까지 쳐들어왔습니다. 조선 관군은 임진왜란이 일어난 이후 초기 대응에 실패했고, 왜군은 빠른 속도로 북상했습니다.

　이에 참다못한 조선 백성들이 무기를 들고 스스로 일어났습니다. 이들이 바로 '의병'입니다. 이들은 먼저 자신의 노비나 소작농(일정한 돈을 지급하며 다른 사람의 농지를 빌려 농사짓는 농민)에게 무기를 들게 했고, 농민들을 설득하여 의병을 일으켰습니다. 이에 전국 각지에서 수많은 농민들이 의병에 참여했으며, 1593년에는 의병의 수가 약 2만 2천600여 명에 이르렀습니다.

특정 지역에서 오랫동안 살아온 의병은 그곳의 지형에 익숙하다는 장점을 이용하여 매복이나 기습으로 왜군을 공격했습니다. 그러자 왜군의 이동 속도는 점차 늦어졌고, 식량을 비롯한 무기, 병력의 보급로가 차단되기도 했습니다. 의병의 활약으로 다시 힘을 얻은 조선 관군은 명나라에서 보낸 지원군과 연합하여 전세를 역전시키고 임진왜란에서 승리했습니다.

임진왜란 당시 대표적인 의병장으로는 곽재우, 정인홍, 고경명, 조헌 등이 있습니다. 특히 영남은 왜군의 직접적인 영향을 받은 지역으로 가장 먼저 의병이 일어났습니다.

경상도의 대표적인 의병장 곽재우는 붉은 옷에 흰 말을 타고 나타나 '홍의장군'이라 불렸는데, 임진왜란 시기에 경상도 의령에서 의병을 일으켰습니다. 곽재우는 의병을 이끌고 낙동강을 오르내리며 왜군과 싸워 의령·삼가·합천·창녕·영산 등의 여러 고을을 되찾았고, 전라도로 향하는 교통로를 지키며 왜군의 호남 진출을 막아 냈습니다.

합천에서는 정인홍이 의병을 일으키며 왜군을 물리치고 이듬해 의병 3천여 명을 모아 성주·합천·함안 지역을 방어했습니다. 호남에서 가장 큰 규모의 의병을 지휘한 고경명은 유팽로 등과 의병을 일으키며 전라도 각지에서 일어난 의병을 하나로 모아 왜군의 호남 진출을 막아 냈습니다. 고경명이 이끄는 의병은 1592년 7월 9일, 금산에서 왜군과 정면 대결을 펼쳤습니다. 하지만 고경명은 크게 패하며 그의 아들과 유팽로 등과 함께 전사했습니다.

충청도에서는 조헌이 10여 명의 유생과 함께 공주와 청주 사이를 오가며 의병을 모집하여 옥천에서 의병을 일으켰습니다. 조헌이 이끄는 의병은 차령에서 왜군과 치열한 전투를 벌이며 승리했습니다. 조헌은 후에 의병 1천600여 명을 더 모은 후, 의승장(승려 출신 의병장) 영규대사가 이끄는 승군 500명과 합세하여 청주성을 되찾았습니다.

그리고 다시 금산에 있는 왜군을 격퇴하기 위해 이동했습니다. 조헌이 이끄는 의병들은 온 힘을 다해 왜군과 맞서 싸웠으나 조헌과 그의 아들, 그리고 영규대사를 비롯한 의병들은 안타깝게 전사했습니다. 고경명과 마찬가지로 조헌은 전투에서 패했으나 왜군에게 많은 피해를 입혔고 그들이 후퇴하면서 호서·호남 지방을 지켜 낼 수 있었습니다.

의병은 정식으로 훈련을 받은 군사가 아니었기에 전투에서 여러 번 패했으나 왜군에 막대한 피해를 입혔습니다. 곽재우, 정인홍, 고경명, 조헌 외에도 전국 각지에서 의병 운동이 전개되어 정문부, 이정암 등이 활약했고, 영규대사와 마찬가지로 서산대사 휴정, 사명대사 유정 등의 승려들도 승군을 일으켜 나라를 지키는 데 앞장섰습니다.

싸우고 또 싸우다

조선군과 왜군 사이에 크고 작은 전투가 계속되었는데, 1592년 10월 5일부터 11일까지 진주성에서 7일 동안 치열한 전투가 벌어졌습니다.

1592년 9월에 김해에서 출발한 왜군은 창원을 거쳐 10월 5일 진주성 외곽에 도착했습니다. 당시 진주성은 진주 목사 **김시민***이 지휘한 3천800여 명의 조선군이 왜군의 공격에 대비하고 있었고, 일반 백성 2만여 명이 진주성 안에 있었습니다. 조선군의 수는 엄청 부족했기 때문에 조선에 매우 불리한 싸움이었습니다. 하지만 진주성 안에는 김시민이, 성 밖에는 홍의장군 곽재우와 최경회 등의 의병들도 힘을 합쳐 싸웠습니다.

3만여 명의 대군을 이끌고 도착한 왜군은 수천 개의 대나무 사다리를 만들어 진주성을 공격했습니다. 김시민은 화약을 장치한 큰 화살 대기전을 쏘게 하여 성벽을 기어오르는 왜군의 사다리를 부수고, 적진에 불을 붙이기 위해 마른 갈대에 화약을 싸서

던지거나 끓는 물과 큰 돌을 던지며 왜군을 물리쳤습니다. 이 전투의 승리로 조선은 경상도 지역을 지켜 냈을 뿐만 아니라 왜군이 호남 지방을 넘보지 못하게 했습니다.

 이렇듯 조선은 군사의 수가 매우 부족했음에도 목숨 걸고 치열하게 싸운 덕분에 10배에 이르는 왜군의 공격을 막아 냈습니다. 하지만 안타깝게도 김시민은 전투 마지막 날에 왜군의 탄환에 맞아 쓰러졌고, 그의 부장인 곤양 군수 이광악이 김시민을 대신해 지휘하면서 남은 전투를 승리로 이끌었습니다. 이후 김시민은 사경을 헤매다 얼마 후 숨을 거두었는데, 이때 그의 나이 38세였습니다. 사후에 '충무'라는 시호를 받았습니다.

 이 전투는 '진주성에서의 큰 승리'라 하여 '진주 대첩'이라 부르게 되었고 훗날, 진주 대첩은 임진왜란 3대 대첩 중 하나로 불리게 됩니다.

 한편, 명나라 장수 조승훈이 평양성 전투에서 패했다는 사실에 명나라는 큰 충격에 빠졌고, 자칫하면 왜군이 명나라까지 쳐들어올지도 모른다고 불안해했습니다. 그리하여 1592년 12월 25일, 명나라 장수 **이여송***이 4만여 명의 대규모 군대를 이끌고 조선으로 왔습니다.

이여송의 군대는 고니시 유키나가가 점령 중인 평양성을 총공격했고, 3일 동안의 전투 끝에 고니시 유키나가가 이끄는 왜군은 겁을 먹고 7개월 만에 후퇴하기 시작했습니다. 결국 명나라는 조선군과 합심하여 평양성과 개성을 되찾았습니다. 평양성을 빼앗긴 왜군과 다른 지방에 있던 왜군들도 모두 한성으로 후퇴했습니다.

이 기세를 몰아 명나라 군대는 한성으로 진격했습니다. 하지만 성미가 급했던 이여송은 한성을 한꺼번에 수복하겠다는 계획을 세우고 제대로 된 전략도 세우지 않은 채 얼음이 풀리는 임진강을 건넜습니다. 왜군 선봉장인 고바야가와는 4만여 명의 병력을 이끌고 출동했고, 혜음령(지금의 경기도 고양시 벽제에 위치)에서 명나라 군사와 치열한 전투를 벌인 결과 이여송이 거느린 명나라 군사는 크게 패했습니다. 이 전투가 바로 '벽제관 전투'입니다. 이후 이여송은 조선을 구할 의지를 잃어 더 이상 진격하지 않고 명나라 군대를 개성으로 되돌렸습니다.

1593년 2월 12일, 평양성을 빼앗기고 달아나던 왜군 3만여 명이 행주산성을 여러 겹으로 포위한 채 9차례에 걸쳐 맹렬하게 공격했습니다. 행주산성은 조선의 수도 한성으로 들어가려면 반드시 거쳐야 하는 곳이기 때문에 왜군은 반드시 뚫어야 했고,

조선군은 반드시 막아야만 했습니다. **권율*** 장군은 2천300여 명의 군사로 치열한 싸움 끝에 왜군을 막아 냈습니다. 수적으로 조선에게 매우 불리한 전투였지만 남녀노소 구분 없이 모두가 온 힘을 다해 싸웠습니다. 특히 부인네들은 석포(돌을 멀리 보내는 포)에 쓸 돌을 치마폭에 담아 나르며 힘을 보탰습니다. 이때 돌을 나르기 위해 만든 앞치마를 '행주치마'라고 불렀습니다.

또 조선군에게는 '신기전'이라는 무기가 있었습니다. 신기전은 화약을 달거나 불을 붙여 쏠 수 있는 화살이었는데, 이 신기전을 발사하는 무기가 바로 '신기전기'입니다. 신기전기는 한 번에 100여 발의 화살을 쏠 수 있었기에 전투에서 매우 중요한 무기였습니다.

왜군은 조선군이 쉴 새 없이 쏘아 대는 이 불화살을 맞았고, 결국 행주산성에서 물러났습니다. 조선군이 왜군을 상대로 큰 승리를 거둔 전투이기에 행주산성에서의 전투는 훗날 '행주 대첩'이라 불리게 되었습니다. 행주 대첩은 조선군과 백성들이 합심하여 이루어 낸 또 한 번의 값진 승리였습니다.

명나라는 벽제관 전투 이후 갖가지 핑계를 대며 왜군과 싸울 생각은 하지 않고 제 나라로 돌아갈 궁리만 했습니다. 일본 또

한 조선에서 처음 맞는 겨울이 무척이나 춥고 고통스러웠습니다. 따뜻한 곳에서 지내던 왜군은 추위와 배고픔에 떨어야만 했습니다. 임진왜란 초기, 왜군은 단시간에 한성을 점령한 후 평양까지 진격했으나 이순신이 이끄는 조선 수군의 반격과 의병의 활약으로 물자 보급로가 차단되었기 때문입니다.

부산에는 도요토미 히데요시가 보낸 군량미 3만 석이 도착해 있었지만, 우리 의병들로 인해 병참선(작전에 필요한 인원이나 물자를 지원, 수송하는 길)이 끊겨 하루에도 500여 명의 왜군들이 굶주림으로 죽어간 것입니다. 침략 당시 18만 명에 달했던 왜군의 수는 전쟁이 일어난 지 11개월이 채 되지 않아 반으로 줄어들었습니다.

이렇듯 불리한 상황이 계속되자 왜군은 더 이상 버티지 못하고 강화(싸움을 그치고 평화로운 상태가 됨)를 요청하기에 이르렀습니다.

이때 등장한 인물이 명나라의 병부상서 석성이 비밀리에 파견한 심유경이란 사람입니다. 가능하면 명나라 군사가 피를 흘리지 않고 왜군을 몰아내려는 심유경과 굶어 죽기 직전의 왜군 장수 고니시 유키나가 사이에 은밀하게 비밀회담이 열렸습니다.

둘 사이에 이루어진 밀약 내용은 다음과 같았습니다.

첫째, 한성에서 퇴각하는 왜군들을 명나라 군사들이 추격하지 않는다.

둘째, 조선군의 추격을 막아 주는 대신 명나라 사신이 안전하게 부산까지 갈 수 있도록 한다.

셋째, 명나라 사신이 일본으로 건너가 도요토미 히데요시를 만날 수 있도록 해 주고, 왜군이 조선에서 철수할 수 있도록 도와준다.

심유경과의 강화로, 굶어 죽기 직전의 왜군들은 한성을 빠져나갈 수 있었습니다.

명나라와 왜군 사이에 이런 비밀회담이 있는 줄 몰랐던 류성룡은 명나라 장군을 찾아가 왜군을 추격해 달라고 요청했으나 그는 이런저런 핑계를 대며 거절했습니다. 이에 화가 난 류성룡은 조선군 단독으로 왜군을 추격하라고 명령했습니다. 조선군 추격대가 한강을 건너려 하자 명나라 대장은 조선군의 선봉장을 가두어 버리고 조선군의 추격도 훼방 놓았습니다.

1593년 4월 말까지 남해안으로 모두 물러난 왜군은 그곳에 견고한 왜성을 쌓고 방어전에 들어갔습니다. 일본으로 돌아가고 싶었으나 도요토미 히데요시는 이들의 귀국을 허락하지 않았던 것입니다.

도요토미 히데요시는 전세가 불리해지자 다시 강화를 유도하는 한편, 뒤로는 조선의 전라도를 공격하여 한성으로 들어갈 계획을 세웠습니다. 그러나 조선에는 바다의 수문장(궁궐이나 성의 문을 지키던 무관, 여기서는 비유적인 뜻으로 쓰임) 이순신 장군이 있었기 때문에 도요토미 히데요시는 쉽게 소망을 이룰 수 없었습니다.

이때 진행된 강화 협상 내용은 다음과 같았습니다.

명나라는 왜군을 조선과 대마도에서 완전히 철수시킬 것과 영원히 조선을 침략하지 말 것을 요구했고, 일본의 도요토미 히데요시는 조선 왕자가 일본에 와서 사과할 것과 조선 8도 중 한강 이남의 4개 도인 충청도·전라도·경상도·강원도 등을 달라는 터무니없는 요구를 했기 때문에 협상은 이루어지지 않았습니다. 더구나 기가 막힌 것은 조선의 운명이 걸린 협상이었지만 정작 당사자인 조선은 철저하게 제외되었다는 것입니다.

도요토미 히데요시로부터 명령을 받은 고니시 유키나가는 어떻게든 명나라와 강화 협상을 성공시키고 싶었기에, 명나라 측의 심유경과 짜고 거짓 문서를 만들어 각각 일본과 명나라에 보냈습니다. 고니시 유키나가와 심유경의 계략(어떤 일을 이루기 위한 꾀나 수단)으로 조선과 일본은 잠정 휴전(서로 합의하여 전쟁을 얼마 동안 멈추는 일) 상태가 유지되었으나, 후에 거짓 협상에 속은 사실을 알고 분노한 도요토미 히데요시는 다시 조선 침략을 위해 군사를 모으고 전쟁 준비를 시작했습니다.

한 걸음 더 깊이

'임진왜란 3대 대첩'에 대해 알아볼까요?

1. 이순신 장군의 〈한산도 대첩〉

1592년(선조 25년) 7월 8일

이순신 장군이 한산도에서 학익진 전술로 왜군을 크게 이긴 전투로, 조선이 크게 이겼기에 '대첩'이라고 부릅니다. 한산도 대첩으로 일본 수군의 사기는 크게 떨어졌고, 일본의 물자 보급로를 차단하게 되었으며, 조선 수군의 남해안 제해권(바다에서 가지는 권력)이 확보되었습니다.

2. 김시민 장군의 〈진주 대첩〉

1592년(선조 25년) 10월 5일~10월 11일

진주 대첩 역시 약 4천여 명의 조선군이 3만여 명의 왜군을 대상으로 크게 이긴 전투입니다. 육지에서 이루어 낸 첫 승리로, 조선 백성들에게 희망을 주었던 전투입니다. 진주 대첩으로 왜군 지휘관이 다수 전사하고, 왜군의 호남 지역 진출 및 육로 보급이 차단되었습니다.

3. 권율 장군의 〈행주 대첩〉

1593년(선조 26년) 2월 12일

  행주산성은 한성으로 가는 길목이었기에 조선군이 반드시 지켜야 했던 곳이었습니다. 왜군에 비해 조선군의 수가 훨씬 부족했으나 조선군은 신기전을 사용해 공격을 퍼부었고, 일반 백성들까지 돌을 쥐고 나르며 공격하여 행주산성을 지켜 냈습니다.

  행주 대첩으로 일본 최고 지휘관을 포함한 많은 수의 지휘부가 죽거나 다쳤고, 왜군이 한성에서 물러나 남쪽으로 후퇴하게 되었습니다.

삼도수군통제사가 되다

조선은 임진왜란 중에 군사 제도를 다시 정비했는데, 명나라 장수 **척계광***이 쓴 《기효신서》라는 병서(군사를 지휘하여 전쟁하는 방법에 대해 쓴 책)의 영향을 받았습니다. 척계광은 명나라 해안에 자주 침입해서 노략질하던 왜구를 토벌한 명장으로 유명했습니다.

《기효신서》를 바탕으로 중앙군에 **훈련도감***을 설치하여 포수(총포를 가진 군사), 살수(칼과 창 따위를 가진 군사), 사수(대포나 총, 활 따위를 쏘는 사람)로 구성된 삼수병 체제를 완성하며 수도 방위를 위한 정규 병력을 확보했고, 지방군은 류성룡의 건의로 1594년 **속오군***으로 편성되었습니다.

1593년 6월 22일, 도요토미 히데요시의 명령을 받은 왜군 10만여 명은 전라도로 들어가는 길목인 진주성을 공격하고, 이와 때를 같이해서 왜선 800여 척은 조선 함대를 치기 위해 몰려왔습니다.

왜군은 조선 함대를 무찌른 뒤 견내량을 지나 진주의 육군과 합세하여 다시 한성을 빼앗아야 한다는 야심을 갖고 있었습니다. 이를 눈치챈 이순신은 100여 척의 함대로 적과 전면전을 벌일 경우 이길 수 없을 것으로 판단하고, 대신 이들의 길목인 견내량을 막아섰습니다.

견내량은 부산 방면의 일본 수군들이 남해로 들어서기 위해서는 반드시 지나야 하는 길목이었기 때문에 조선 수군이 무슨 일이 있어도 지켜 내야만 했습니다. 견내량은 폭이 좁은 바닷길이어서 적의 대군이 한꺼번에 들어설 수 없으므로, 가로막고 있다가 소규모로 들어서는 적을 무찌른다는 계획이었습니다. 이순신의 작전은 이번에도 적중했습니다.

왜선들은 이순신의 함대를 넓은 바다로 끌어내기 위해서 온갖 수단과 방법을 가리지 않았지만 결국 실패했고, 웅천 서쪽 방면으로 후퇴했습니다. 그러나 일본 수군들은 남해 진출에 대한 꿈을 버리지 못하고 호시탐탐 기회만 엿보고 있었습니다.

언제 다시 일본 수군들이 몰려올지 알 수 없었던 이순신은 여수 본영으로 돌아갈 수도 없었습니다. 고민 끝에 이순신은 조정의 허락을 얻어 여수에서 견내량 부근 한산도로 수군 본부를 옮기고, 한산도에 연합 함대의 수군 기지를 세웠습니다.

그해 8월, 이순신은 그간의 공을 인정받아 전라, 경상, 충청의 수군을 아울러 지휘하는 삼도수군통제사가 되었습니다. 이후 3년 8개월 동안 이순신의 수군은 한산도에 머물며 견내량을 철저하게 지키며 왜군의 움직임을 관찰했습니다.

이순신은 전쟁 중에도 훈련과 독서를 게을리하지 않았습니다. 매일 일기를 쓰며 전투의 상황을 세세하게 기록했는데, 이렇게 탄생한 이순신 장군의 전쟁 일기가 바로 그 유명한 《난중일기》입니다.

한 걸음 더 깊이

《난중일기》에 대해 좀 더 알아볼까요?

 조선 중기 명장 이순신이 임진왜란 중에 작성한 일기입니다. 1592년(선조 25년) 5월 1일부터 1598년 10월 7일까지의 기록으로 7책 205장으로 구성되어 있으며, 1962년 국보로 지정되었습니다. 부록으로 서간첩 1책, 임진장초 1책까지 총 9책입니다.

 또한, 역사적 사실과 학술연구 자료로서 높은 가치가 인정될 뿐 아니라, 유례를 찾기 힘든 전쟁 중 지휘관이 직접 기록한 사례인 점을 들어 2013년 6월 '이충무공난중일기부서간첩임진장초'라는 이름으로 유네스코 세계기록유산으로 등재되었습니다. 현재 친필 초고가 충청남도 아산 현충사에 보관되어 있습니다.

 이순신 본인의 개인사를 비롯한 당시 조선 수군의 지휘에 관한 비책(아무도 모르게 숨긴 계책), 국가 및 조정에 대한 충성과 슬픔, 분함, 왜군에 대한 분노, 상관과 장수·부하들 간의 갈등, 전쟁의 실제 상황 보고, 장계(자신이 관할하는 구역의 중요한 일을 임금에게 보고하던 문서) 등 정치·경제·사회·군사 등에 이르기까지 다양한 내용이 기록되어 있어 임진왜란 연구에 반드시 필요한 귀중한 사료입니다.

〈한산도가〉에 대해 알아볼까요?

〈한산도가〉 혹은 〈한산섬 달 밝은 밤에〉라고도 불리는 이 시조는 이순신 장군이 임진왜란 중에 경남 통영 한산도에 머물면서 지은 작품입니다. 나라를 지키기 위해 근심하고 염려하는 장수의 참된 마음과 충성심, 고독, 슬픔이 잘 드러나 있습니다.

한산섬 달 밝은 밤에 수루戍樓에 홀로 앉아
큰 칼 옆에 차고 깊은 시름하는 차에
어디서 일성호가一聲胡笳는 나의 애를 끊나니

해석
한산섬 달 밝은 밤에 성 위 누각에 홀로 앉아
큰 칼 옆에 차고 깊은 시름할 때에
어디선가 들려오는 한 곡조 피리 소리는 나의 슬픔을 차오르게 하나니

또다시 전투, 1597년 정유재란

　일본과의 전쟁은 제2차 진주성 전투를 끝으로 휴전 상태에 들어갔는데, 일본과 명나라 사이에 진행된 강화 협상의 실패로 일본은 다시 조선을 침략하기 위한 준비로 바빠졌습니다. 이 소식을 들은 조정은 불안해졌습니다.
　아직 부산과 웅천 등지에 왜군들이 버티고 있는데 또다시 일본이 군사들을 이끌고 쳐들어올 경우 무슨 일이 벌어질지 몰랐기 때문이었습니다. 조정 곳곳에서 이순신을 비난하는 소리가 높아졌습니다.
　병법에 대해 아무것도 모르는 조정에서 보기에는 한산도에서 3년 8개월 동안이나 꼼짝하지 않는 이순신이 도무지 이해되지 않았던 것입니다. 그들의 생각에 이순신이 부산에 있는 왜군의 근거지를 친다면 간단하게 전쟁에서 승리할 수 있을 것 같았기 때문입니다.
　이러한 때에 왜군이 다시 몰려온다는 소식이 전해지자 다급해진 임금은 이순신에게 출전 명령을 내렸습니다.

"통제사 이순신은 속히 수군을 이끌고 부산으로 가 왜적을 섬멸토록 하라!"

선조는 이순신에게 당장 부산포로 나아가서 싸울 것을 명했습니다.

임금으로부터 명령을 받은 이순신은 몹시도 답답했습니다. 아무리 임금의 명령이라 해도 뻔히 지는 싸움에 병사를 움직일 수는 없었습니다.

"전하, 만약 왜군이 조선 앞바다에 숨어 있다가 공격하게 되면 조선 수군은 막대한 피해를 입게 될 것입니다. 이는 분명 일본의 계략이오니 부디 출전 명령을 거두어 주십시오."

그러자 조정에서는 임금의 명을 거역했다는 이유로 이순신을 잡아들이게 되었습니다. 그러나 이 모든 일은 이순신을 없애기 위한 왜장 고니시 유키나가의 계략이었습니다.

일본이 조선을 침략하는 데 가장 큰 걸림돌은 바로 바다를 지키는 이순신의 수군 함대였습니다. 이에 고니시 유키나가는 미리 이순신을 없애기 위해 자신의 통역관이던 요시라를 통해, 일본의 장수 가토 기요마사가 대마도에 도착해 있으며 순풍이 부는 대로 7천여 명의 군사를 이끌고 조선으로 쳐들어갈 것이라고 거짓 소문을 낸 것입니다.

즉, 이순신의 삼도 수군을 풍랑이 이는 적의 한가운데로 나오게 하여 포위한 후 공격하려는 얕은 수법이었습니다. 이러한 계략을 이미 간파하고 있던 이순신은 임금의 명령을 어기면서까지 출정하지 않았습니다.

그러나 조정에서는 이러한 소문이 왜군의 계략이라는 것을 짐작조차 하지 못한 까닭에 이순신을 한성으로 잡아 올리고, 원균을 삼도수군통제사에 임명했습니다.

1597년 2월, 왜군은 만반의 전투 준비를 갖추고 다시 북쪽으로 올라오기 시작했습니다. 이것이 바로 '정유재란'입니다. 도요토미 히데요시는 조선을 침략하기 위해 대규모의 병력을 모았고, 그의 첫 번째 목표는 바로 조선의 호남 지방을 점령하는 것이었습니다.

왜군은 울산에서 순천에 이르는 해안 곳곳에 기지를 세우고 장기전에 대비했습니다. 이렇듯 도요토미 히데요시는 지속적으로 조선을 공격하면서 자신이 원하는 것을 얻으려고 했던 것입니다. 일본의 2차 침입 정유재란은 임진왜란 때보다 더욱 잔혹해졌습니다. 조선 백성들의 코와 귀를 베어 일본의 전리품(전쟁

때에 적에게서 빼앗은 물품)으로 삼는 등 더욱 폭력적으로 변모한 것입니다. 그 당시 왜군이 조선에서 베어 간 조선인들의 코와 귀는 일본 교토의 '귀 무덤'에 묻혀 있습니다.

한 걸음 더 깊이

임진왜란의 비극 – 일본 교토 '귀 무덤'

조선인 이총

　일본 교토부 교토시에는 임진왜란 당시 일본이 베어 간 조선인의 귀와 코와 관련된 무덤이 있습니다. 임진왜란 때 왜군이 전리품을 확인하기 위해 목 대신 베어 갔던 약 2만여 명의 조선인 귀와 코를 묻은 무덤입니다.

　무덤 위에는 불교에서 만물의 구성 요소라 이르는 지地·수水·화火·풍風·공空을 상징해 쌓아 올린 고린토라 불리는 석탑이 세워져 있으며, 둘레는 돌로 둘러싸여 있습니다. 일본의 국가 지정문화재이지만 우리에게는 가슴 아픈 비극의 역사 현장으로 남아 있습니다.

두 번째 백의종군

첫 번째 백의종군에 이어 1597년 1월, 이순신의 일생에서 크나큰 두 번째 시련이 찾아왔습니다. 이순신은 왜군을 공격하라는 임금의 명령을 거역한 죄목으로 파직되어 한성으로 압송(죄인을 다른 곳으로 데려가는 일)되었던 것입니다. 전선을 거느리고 가덕도 앞바다에 있던 이순신은 자신이 파직되고 한성으로 압송된다는 소식을 듣고는 바로 본영인 한산도로 돌아왔습니다. 그리고 미리 주변을 정리하는 한편, 원균에게 부하들과 무기를 인수인계(물려받고 넘겨줌)하는 절차를 마쳤습니다.

이순신은 선전관 앞에 무릎 꿇고 임금의 교서를 받았습니다.

"이순신은 조정을 속이고 임금의 명을 어긴 죄를 지었으며, 쳐들어오는 적을 막지 않았으니 사형에 처함이 마땅하다."

금부도사 이겸이 오랏줄에 묶인 이순신을 끌고 나왔습니다.

이순신은 배에 오르기 전 마지막으로 그동안 정들었던 한산도를 둘러보았습니다. 임금의 명을 어긴 무거운 죄를 지었기에 다시는 살아서 이곳을 보지 못할 것이었습니다.

"사또, 저희를 두고 어디로 가십니까? 이제 저희들은 모두 죽은 목숨이나 다름없습니다."

멀어져 가는 한산도에서는 병사들은 물론이고, 남녀노소 할 것 없이 온 백성들이 모여 통곡했습니다. 애써 고개를 돌려 먼 하늘만 바라보던 이순신의 두 눈에서도 굵은 눈물이 흘러내렸습니다.

원균이 삼도수군통제사에 임명되었다는 소식을 들은 도체찰사 **이원익***은 간절한 마음으로 임금께 상소문을 올렸습니다. 그러나 이미 마음이 돌아선 선조 임금은 이원익의 상소를 받아들이지 않았습니다.

한성으로 끌려와 의금부(조선의 수사 기관)의 감옥에 갇히게 된 이순신은 모진 신문(알고 있는 사실을 캐어물음)과 고문을 당했습니다. 적에게서 뇌물을 받고 내통하지 않았느냐는 터무니없는 누명을 씌워 바른대로 고하라고 으름장(말과 행동으로 위협하는 짓)을 놓았습니다. 절대 그런 일이 없었다고 수차례 말해도 소용없었습니다.

의금부로 끌려온 지 8일이 지났을 때, 이순신은 가혹한 고문

을 견디지 못해 거의 죽음 직전까지 이르게 되었습니다. 이를 안 조정에서는 류성룡을 중심으로 이순신을 구하기 위한 운동이 벌어졌습니다.

"신은 어릴 때부터 이순신을 잘 알고 있었습니다. 그는 용기가 있고 충성심과 의로움을 아는 자로서, 절대 국법을 어길 자가 아닙니다. 부디 굽어살펴 주십시오."

"전하, 통제사의 적임자(어떠한 임무나 일에 알맞은 사람)는 이순신밖에 없습니다. 만약 한산도를 잃는 날이면 호남 지방 또한 지켜 낼 수 없습니다."

이순신을 구하기 위해 류성룡과 뜻을 같이하는 신하들은 끝까지 선조를 설득했으나 판단력이 흐려진 선조는 그들의 뜻을 받아들이지 않았습니다. 이와는 반대로 이순신을 사형에 처해야 한다는 신하들도 있었습니다.

이렇게 조정이 시끄러울 때 판중추부사 **정탁***이 올린 상소문이 도착했습니다. 정탁은 당쟁에 휩싸이지 않는 곧고 바른 선비로 많은 존경을 받는 인물이었습니다.

"전하, 군사에 관한 일이란 보통 사람으로서는 짐작하기 어려운 것인데, 이순신이 나아가 싸우지 않은 것은 분명 그 까닭이 있을 것입니다. 이 시국에 이순신만큼 뛰어난 장수는 없습니다.

그가 세운 공을 인정하시어 부디 노여움을 거두시고 후일을 생각해서 이순신에게 다시 한번 기회를 주십시오."

정탁은 평소 선조의 두터운 신뢰를 얻고 있었기에 이순신의 처벌을 두고 고민하던 선조는 결단을 내렸습니다.

"대신들의 뜻을 받아들여 이순신에게 다시 한번 기회를 주겠노라. 이순신을 석방하라!"

1597년 4월 1일, 마침내 이순신은 석방되었습니다. 선조는 이순신의 목숨을 거두는 대신 백의종군을 명했습니다. 지난 녹둔도 전투 패배 이후 이순신의 두 번째 백의종군이 시작된 것입니다. 두 번째 백의종군의 명령을 받고 석방된 이순신은 《난중일기》에 다음과 같은 기록을 남겼습니다.

4월 초1일(신유) 맑다.

옥문을 나왔다. 남문(숭례문) 밖 윤간의 종의 집에 이르니, 조카 봉과 분, 아들 울이 윤사행, 원경과 더불어 한 대청에 같이 앉아 오래도록 이야기했다. 지사 윤자신이 와서 위로하고 비변랑 이순지가 와서 봤다. 더해지는 슬픈 마음을 이길 길이 없다. 지사가 돌아갔다가 저녁밥을 먹은 뒤에 술을 가지고 다시 왔다. 윤기헌도 왔다. 정으로 권하며 위로하기에 사양할 수 없어 억지로 마시고서 몹시 취했다. 이순신

> 李純信이 술을 병째로 가지고 와서 함께 취하며 위로해 주었다. 영의정(류성룡)이 종을 보내고 판부사 정탁, 판서 심희수, 우의정 김명원, 참판 이정형, 대사헌 노직, 동지 최원, 동지 곽영이 사람을 보내어 문안했다. 취하여 땀이 몸을 적셨다.

임진왜란이 일어난 뒤 이순신은 연이은 승리로 여러 차례 조선을 위기에서 구했으나 선조는 이순신을 파직하고 압송하여 가혹한 시련을 겪게 했습니다. 이순신의 입장에서는 억울함과 분노를 호소할 만도 했으나 철저하게 개인적인 감정을 빼고 간결하게 사실만을 기록했습니다. 《난중일기》에서 엿볼 수 있듯이, 이순신이 임진왜란 중 왜군을 상대로 계속 승리할 수 있었던 이유는 아마도 절제된 감정을 바탕으로 한 냉철한 판단력 때문이 아니었을까요.

강직한 성품 때문에 적이 많았던 이순신은 여기저기서 모함을 받았습니다. 관리들은 이순신이 전장에서 세운 원균의 공을 가로채고, 임금의 명령을 거역했다면서 계속해서 상소를 올렸습니다. 결국 이순신은 삼도수군통제사 직을 잃고 한산도를 떠나게 되었고 그의 뒤를 이어 원균이 삼도수군통제사가 되었습니다.

한편, 가토 기요마사의 수군이 거제도로 온다는 것은 이순신의 짐작대로 왜장 고니시 유키나가의 계략이었습니다. 고니시 유키나가는 조선 수군을 거제도로 유인하여 모조리 섬멸시키려는 속셈이었던 것입니다. 이러한 사정도 모른 채 삼도수군통제사가 된 원균의 조선 수군은 임금의 명을 받들어 거제도로 출전했습니다. 하지만 후에 원균은 거제도 부근 칠천량에서 왜군에 크게 패하며 선조의 신뢰를 잃게 되었습니다.

 아들이 다시 백의종군한다는 소식을 들은 이순신의 어머니는 밤낮 걱정을 하다가 여수에서 한성으로 아들을 만나러 가는 길에 세상을 떠났습니다. 이순신이 백의종군을 시작한 직후 어머니가 돌아가신 것입니다. 이순신은 잠시 시간을 얻어 어머니의 장례를 치른 뒤 다시 종군했습니다. 그 무렵《난중일기》에는 다음과 같은 기록이 남아 있습니다.

4월 16일 (병자) 흐리고 비가 내렸다.
배를 끌어 중방포 앞으로 옮겨 대고 영구를 상여에 실어 본가로 돌아왔다. 마을을 바라보며 통곡하니 애끓는 이 마음 어찌 말로 다할 수 있으랴. 집에 이르러 빈소를 차렸다. 비는 퍼붓고, 나는 맥이 다

빠진 데다가 남쪽으로 떠나야 할 시간도 급박하다. 울부짖고 통곡하며 다만 어서 죽기만을 기다릴 뿐이다. 천안 군수가 돌아갔다.

누구보다 효성이 깊었던 이순신은 어머니를 떠나보낸 후 슬픈 마음을 감출 수 없었습니다.

한 걸음 더 깊이

'백의종군'에 대해 좀 더 알아볼까요?

　백의종군은 죄인의 신분으로 벼슬 없이 군대를 따라 싸움터로 가서 임무를 수행하는 것을 뜻합니다. 이순신 장군은 강직하고 청렴결백한 성품 때문에 두 번의 백의종군을 겪으며 험난한 관직 생활을 이어 갔습니다.

첫 번째 백의종군

　1587년(선조 20년) 이순신이 녹둔도에서 근무할 때 여진족의 습격을 당해 녹둔도는 큰 피해를 입게 되었습니다. 당시 이순신은 여진족의 잦은 출몰로 피해를 예상해 수차례 군사를 늘려 달라는 요청을 했으나 직속 상관이었던 이일은 그의 요청을 무시했습니다.

　후에 이순신의 예상대로 녹둔도에 여진족이 침입했고, 이순신의 군대는 맞서 싸웠으나 여진족에 비해 조선군의 수가 턱없이 부족했기에 이를 극복하지 못하고 패배했습니다. 이일은 모든 책임을 이순신에게 떠넘겼고, 이순신은 패전의 책임으로 장형(죄인의 볼기를 큰 형장으로 치던 형벌)을 당한 뒤 백의종군하게 되었습니다.

두 번째 백의종군

임진왜란은 제2차 진주성 싸움을 끝으로 잠잠해졌고, 일본과 명나라 사이에는 강화 협상이 진행 중이었으나 서로의 요구조건을 충족시키지 못해 끝내 결렬되었습니다. 그러자 일본은 다시 조선을 침략하기 위한 준비로 바빠졌고, 이 소식을 들은 조정은 불안해졌습니다.

아직 부산과 웅천 등지에 왜군이 버티고 있는 데다가 또다시 일본이 군사를 이끌고 쳐들어올 경우 어떤 일이 벌어지게 될지 몰랐기 때문입니다. 조정 곳곳에서는 한산도에서 3년 8개월 동안이나 꼼짝하지 않는 이순신을 비난하는 소리가 나오기 시작했습니다.

급기야 조정에서는 이순신에게 출전 명령을 내렸습니다. 그러나 조선의 입장에서 전혀 이길 가능성이 없는 전쟁이었고, 왜군의 계략임을 눈치챈 이순신은 출전을 거부했습니다. 그리하여 이순신은 임금의 명을 거역한 죄로 삼도수군통제사에서 파직되어 한성 의금부에 투옥되었습니다. 1597년 3월, 이순신은 약 한 달여 동안 투옥되어 온갖 고문을 받았으며, 4월 1일에 풀려나와 권율의 진영에서 두 번째 백의종군을 하게 되었습니다.

칠천량 해전의 비극

　삼도수군통제사가 된 원균 역시 이순신이 임금의 출전 명령을 어기고 부산포로 나가지 않은 이유를 잘 알고 있었습니다. 이순신을 아끼던 도원수 권율은 이순신이 부산 출전이 불가하다고 했을 때, 자신이 삼도수군통제사가 되면 부산포를 점령할 수 있다고 자신 있게 말하던 원균이 못마땅했습니다. 게다가 원균이 수군이 부족하다며 병력 지원을 요청하자 선조는 권율 휘하의 육군까지 원균의 수군으로 보냈습니다. 이러한 이유로 권율은 원균이 곱게 보이지 않았습니다.

　원균은 1597년 6월과 7월, 몇 차례 출전했으나 판옥선과 수군만 잃고 되돌아오기 일쑤였습니다. 그 후에도 눈치만 보며 제대로 싸우지 않았기 때문에 권율은 몹시 화가 났습니다. 이에 권율은 원균을 몹시 꾸짖으며 그에게 출전을 요구했습니다. 그러자 원균이 말했습니다.

　"지금 조선 수군의 상황으로는 왜군을 막을 수 없습니다. 수군과 육군의 합동 작전이 필요합니다."

"그건 이미 이순신이 주장했던 것 아니오? 그렇다면 왜 조정에 반드시 부산으로 출전하겠다고 장계를 올린 것이오?"

"전하의 명을 받들어 나가 보니 쉽지 않았습니다. 하여 작전상 후퇴를 한 것입니다."

"그리 큰소리치더니 제대로 싸우지도 못하고 싸우는 시늉만 하다 후퇴한 것이오?"

"장군, 말씀이 지나치십니다! 조선 수군은 통제사인 저한테 맡기십시오!"

"반성하는 기색은커녕 아직도 큰소리를 치다니……. 여봐라, 통제사 원균을 당장 형틀에 묶어 곤장(죄인의 볼기를 치던 도구)을 쳐라!"

권율의 명령에 원균은 부하들이 보는 앞에서 곤장을 맞는 치욕(수치와 모욕)을 겪어야 했습니다. 이 일로 자존심이 상할 대로 상한 원균은 전의를 상실하고 출전 준비는커녕 매일 술로 밤을 지새웠습니다.

원균이 하는 일 없이 헛된 시간을 보내는 동안 왜선의 수는 한없이 늘어나고 있었습니다. 이 소식은 곧 조정까지 전해졌고 이에 분노한 선조는 원균에게 출전 명령을 내렸습니다.

"통제사 원균은 지금 당장 부산으로 출전하라!"

임금의 명령을 거역할 수 없었던 원균은 마침내 부산으로 출전할 결심을 했습니다.

부산으로 출전하기로 한 7월 5일은 비바람이 몹시 불었고, 물결이 높이 일었습니다. 예전에 이순신과 함께 부산을 공격했다가 배를 댈 곳이 없어서 애를 먹었던 경험이 있는 이억기는 원균의 출정을 간곡하게 말렸습니다. 날씨뿐만 아니라 부산으로 향하는 길목 곳곳에 왜군의 진지가 있었기에 부산포 전투는 조선 수군에게 전혀 이길 가능성이 없는 싸움이었습니다.

원균도 이 사실을 잘 알고 있었지만 임금의 명령을 거역할 수 없었기에 죽음을 각오하고 출전을 감행했습니다. 의금부 감옥에 갇혀 있던 이순신에게 보낸 이억기의 편지를 보면 그는 이런 사태가 올 것을 이미 예상했던 것 같습니다.

"조선 수군은 머지않아 반드시 패할 것입니다. 제가 어디서 죽게 될지 알 수가 없겠지요."

결국 이억기의 예상은 들어맞았습니다. 이번 출전이 이억기에게는 마지막이었던 것입니다.

원균이 이끄는 거북선 2척을 포함한 260여 척의 조선 함대는 한산도를 떠나 북으로 향했습니다. 한산도 대첩 이후 처음으로 조선 수군이 총동원된 것입니다. 안골포, 가덕포 등 곳곳에 왜군들이 진을 치고 있었기 때문에 배를 댈 수가 없었습니다. 계속되는 항해로 노를 젓는 노꾼들은 점점 지쳤고 배의 속도도 느려졌습니다.

조선 함대가 옥포, 다대포를 지나 절영도에 들어섰을 때 수백 척의 왜선과 마주치게 되었습니다. 뜻하지 않은 곳에서 적과 맞닥뜨린 원균은 당황하여 아무런 작전도 세우지 않고 공격 명령을 내렸습니다. 조선 함대가 포를 쏘며 공격하자 적들은 사방으로 흩어지며 후퇴했습니다. 조선 함대는 추격을 계속하며 포를 쏘아 댔지만 흩어져 달아나는 왜선들을 제대로 맞히지는 못했습니다.

이것은 왜군의 작전이었습니다. 조선 수군과 정면 대결할 경우 불리할 것으로 판단한 왜군들은 후퇴하는 척하며 자신들의 진영으로 조선 수군을 유인한 것입니다. 왜선을 쫓아 추격하던 조선 함대는 어느덧 대마도 부근까지 가게 되었습니다. 적의 진영까지 들어간 것을 알아차린 원균은 서둘러 배를 돌리려 했지만, 이미 밤이 깊었고 강풍이 몰아지는 날씨 탓에 조선 함선 20여 척이 파도에 밀려 떠내려가는 것을 지켜만 볼 뿐 달리 손을

쓸 수 없었습니다.

 이후에도 거센 파도와 싸워야 하는 항해는 며칠간 계속되었습니다. 그러는 사이 가까스로 가덕도에 도착한 조선 수군은 뭍에 올라 지칠 대로 지친 몸을 잠시 쉬려고 했습니다. 하지만 그곳에 이미 매복해 있던 왜군의 기습을 받아 400여 명의 수군들이 순식간에 목숨을 잃고 말았습니다. 부랴부랴 다시 배에 올라 칠천량 외줄포에 도착한 것은 7월 9일 새벽이었습니다.

 외줄포는 왜군 진영이 있는 웅포와 안골포에서 20여 킬로미터 정도밖에 떨어져 있지 않아서 불과 2시간 정도면 도착할 수 있는 매우 위험한 곳이었습니다. 경상우수사 **배설***을 비롯한 여러 장수들이 외줄포는 언제 기습을 당할지 모르는 곳이니 다른 곳으로 옮기자고 주장했으나 원균은 이들의 말을 무시했습니다.

 조선 함대가 한산도를 떠난 직후부터 척후병(적의 형편이나 지형 따위를 정찰하고 탐색하는 임무를 맡은 병사)을 시켜 조선 수군의 움직임을 샅샅이 살피고 있던 왜군은 조선 수군이 외줄포에 정박(배가 닻을 내리고 머무름)했다는 정보를 입수하고, 근처에 있던 왜선들을 모두 웅포와 안골포로 모이도록 했습니다.

 1597년 7월 15일 오후, 왜선 1천여 척이 외줄포에 모습을 드러냈고 이튿날 새벽에 조선 함대를 여러 겹으로 에워싸며 새까

많게 몰려왔지만, 조선 함대에서는 이를 눈치채지 못했습니다. 날이 밝자 왜군들은 조총을 쏘아 대며 조선 함대를 공격하기 시작했습니다. 준비 없이 기습 공격을 당한 조선 수군은 당황하며 닥치는 대로 포와 화살을 쏘아 댔지만, 하늘을 찌를 듯한 기세로 총공격하는 왜군을 당해 낼 수 없었습니다.

원균의 조선 함대는 배를 돌려 한산도 본영으로 돌아가려 했으나, 이미 왜군이 한산도로 가는 길목인 견내량에 진을 치고 입구를 철저하게 막아 놓은 탓에 길이 막혀 버렸습니다. 이에 조선 수군은 할 수 없이 육지를 향해 달아났습니다. 하지만 육지에도 이미 왜군들이 기다리고 있었습니다. 조선 수군은 꼼짝없이 왜군의 조총에 목숨을 잃게 되었습니다.

충주 탄금대 전투에서 패하자 스스로 목숨을 끊었던 신립과 마찬가지로 원균과 함께 출전했던 전라우수사 이억기 또한 칠천량 해전에서 패하자 스스로 바다에 몸을 던져 생을 마감했습니다. 결과적으로는 전투에서 패했으나 신립과 이억기가 조선을 지켰던 훌륭한 충신이라는 사실은 변함이 없습니다.

가까스로 달아난 원균 역시 왜군의 추격을 받아 목숨을 잃었습니다. 경상우수사 배설만이 12척의 전선을 이끌고 남해 쪽으로 후퇴하는 데 성공했습니다.

칠천량 해전의 패배로 조선 수군은 거의 전멸되었고, 거북선과 판옥선도 모두 불타거나 바다에 가라앉아 사라졌습니다. 260여 척의 조선 함대 중 단 12척만 남게 된 것입니다. 반면 왜군은 남해 일원의 제해권을 장악해 서해로 진출할 수 있게 되었으며, 이후 남원과 진주 등지로 진격하게 되었습니다.

다시 삼도수군통제사가 되다

칠천량 해전은 조선 수군의 첫 패배이자 너무도 많은 것을 잃게 된 참혹한 전투였습니다. 이순신이 조선 수군을 지휘하고 있을 때는 상상조차 할 수 없었던 엄청난 손실이었던 것입니다.

칠천량 해전에서 아끼던 장수들과 부하, 함대를 모두 잃었다는 소식을 들은 이순신은 망연자실(멍하니 정신을 잃음)했습니다. 이는 이순신이 자리를 비운 지 불과 4개월 만에 일어난 일이었습니다. 조선 수군에게 이순신의 빈자리는 이렇듯 컸습니다.

한편, 칠천량 해전의 참혹한 패배 소식이 전해지자 조정에서는 긴급 대책 회의가 열렸습니다.

"조선 수군이 전멸했으니 앞으로 어찌하면 좋겠소? 대신들, 어서 말씀해 보시오."

원균의 부산 출전을 강력하게 밀어붙이던 대신들은 아무 말도 못 하고 서로 눈치만 보고 있었습니다. 그러자 병조 판서 이항복*이 말했습니다.

"전하, 이 사태를 수습할 수 있는 사람은 이순신 단 한 사람뿐입니다. 이순신을 하루빨리 통제사로 복귀시켜 상황을 속히 수습하십시오."

이순신을 파직한 뒤 원균을 통제사로 임명하고, 무리하게 부산 출전 명령을 강하게 밀어붙여 패전의 아픔을 맛본 선조는 더는 뾰족한 수가 없었기에 이항복의 뜻을 받아들였습니다.

1597년 7월 23일, 선조는 이순신을 다시 삼도수군통제사로 임명하는 교서를 내렸습니다.

"…… 얼마 전 경을 파직시키고 백의종군하게 했으니 이는 짐(임금이 자기를 가리키는 말)의 지략이 부족한 데서 나온 것이니라. 그로 말미암아 오늘 같은 패전의 치욕을 당하게 되었으니 내 무슨 할 말이 있겠는가. 무슨 할 말이 있겠는가……."

이순신이 임금의 교서를 받은 날은 8월 3일, 경상도의 한 작은 초가에서였습니다. 이순신은 왜군들의 눈을 피하고 주변의 상황을 살피느라 멀리 돌아서 가는 중이었습니다.

이순신은 선조의 명을 받들어 다시 통제사로 복귀했지만 기쁘기보다는 답답한 마음이 앞섰습니다.

'군사도, 배도, 무기도 없는 통제사가 무엇을 할 수 있겠는가.'

이순신은 피눈물을 흘리며 새롭게 각오를 다졌습니다.

한 걸음 더 깊이

이순신 장군이 남긴 말들

금신전선 상유십이 今臣戰船 尙有十二

"신에게는 아직 12척의 배가 남아 있습니다."

 칠천량 해전 참패 후, 조정에서는 이순신에게 수군을 없애고 육군에 합류하라는 명령을 내렸습니다. 하지만 이순신은 아직 조선 수군에게는 12척의 배가 남아 있다며 선조에게 자신을 믿어 달라는 장계를 올렸습니다. 이에 선조는 이순신을 믿어 주었고 그 결과, 이순신은 판옥선 13척으로 왜선 133척을 물리치는 명량 대첩의 기적을 이루어 냈습니다.

필사즉생 필생즉사 必死則生 必生則死

"죽고자 하면 살 것이고 살고자 하면 죽을 것이다."

 명량 해전을 앞두고 조선 수군의 사기를 북돋아 주기 위해 이순신이 부하들에게 건넨 말입니다.

물령망동 정중여산 勿令妄動 靜重如山

"명령 없이 가벼이 움직이지 말고 침착하게 태산같이 무겁게 행동하라."

옥포 해전을 앞둔 이순신이 조선 수군들을 격려하며 했던 말입니다.

일부당경 족구천부 一夫當逕 足懼千夫

"한 사람이 길목을 잘 지키면 천 명의 적도 두렵게 할 수 있다."

명량 해전을 앞두고 이순신이 부하들을 격려하며 했던 말입니다.

차수약제 사즉무감 此讐若除 死則無憾

"원수를 무찌른다면 지금 죽어도 여한이 없다."

노량 해전을 앞두고 이순신이 비장한 각오를 다지며 난중일기에 쓴 글귀입니다.

전방급 신물언아사 戰方急 愼勿言我死

"지금 전투가 급하니 나의 죽음을 알리지 말라."

노량 해전에서 적의 총탄을 맞은 이순신이 남긴 마지막 말입니다.

명량의 기적

원균이 이끄는 칠천량 해전에서 조선 수군은 거의 전멸되었기에 패배의 상처는 실로 어마어마했습니다. 이순신은 일본에게 무참히 당하고 조선 수군을 잃은 현실에 분노하며 슬퍼했습니다. 칠천량 해전의 패배로 배와 무기는 거의 남아 있지 않았고, 군사의 수도 턱없이 부족했습니다. 게다가 이순신은 온갖 모함과 감옥살이, 백의종군을 거듭하며 시련을 겪었기에 건강 상태도 좋지 않았습니다.

하지만 왜군이 점점 더 모여드는 상황에서 좌절하고 있을 수만은 없었기에 이순신은 다시 군사들을 모으기 시작했습니다. 1597년 7월 23일, 이항복을 비롯한 대신들의 주청(임금에게 아뢰어 청하던 일)으로 다시 삼도수군통제사로 임명된 이순신은 조선 수군의 전열을 재정비했습니다. 경험이 전혀 없는 사람들을 처음부터 훈련 시키고 배와 무기도 수리하며 침착하게 전투 준비를 해 나갔습니다. 조선 수군에 남아 있는 전선은 칠천량 해전에서 배설이 탈출시킨 12척에 불과했습니다. 후에 배 한 척을 추가하여 조선 수군에게 남은 배는 총 13척이 되었습니다.

한편, 조정에서는 이순신에게 현재 조선 수군의 상태로는 왜군과 맞서 싸울 수 없으니 수군을 없애고 육군에 합류하기를 명했습니다. 하지만 이순신은 끝까지 조선 수군을 지키겠다며 조정에 장계를 올렸습니다.

"전하, 임진년부터 오륙 년간 적들이 전라도와 충청도로 바로 쳐들어오지 못한 것은 조선 수군이 그 길목을 지키고 있었기 때문입니다. 신에게는 아직 12척의 배가 남아 있습니다. 죽을힘을 다해 맞서 싸운다면 오히려 해볼 만합니다. 만일 지금 수군을 없앤다면 적들은 이를 다행으로 여기며 호남을 거쳐 한성으로 바로 쳐들어갈 것입니다. 신이 걱정하는 것은 바로 이것입니다. 비록 전선의 수는 적지만 신이 살아 있는 한, 적들은 감히 조선을 업신여기지는 못할 것입니다."

선조는 지난날 자신의 잘못된 선택으로 뼈아픈 참패를 맛보았기에 이순신의 판단을 전적으로 믿기로 했습니다.

이 무렵, 일본 수군은 남해안 부근을 침범했고, 육군은 육상으로 진출하며 동시에 서해로 향하고 있었습니다. 그러므로 왜군의 서해 진출을 막기 위해서는 그 길목인 명량을 반드시 지켜 내야만 했습니다.

이순신은 왜군이 명량으로 가는 길목인 어란진(전남 해남군에 설치되었던 조선 시대 수군진)에 모여 있다는 정보를 입수했습니다. 이에 이순신은 물살이 매우 거센 명량 울돌목의 특성을 이용하여 작전을 세웠습니다. 울돌목의 좁은 물길과 바닷물 흐름의 변화를 이용하려 했던 것입니다.

"우리에겐 아직 12척의 배가 남아 있다. 죽고자 하면 살 것이요, 살고자 하면 죽을 것이다!"

이순신은 수적으로 매우 불리한 상황에서도 전의를 불태우며 군사들을 격려하며 사기를 올렸습니다.

1597년 9월 16일 새벽, 왜선이 명량으로 몰려온다는 소식을 듣고 이순신의 수군은 13척의 배를 이끌고 명량으로 향했습니다. 명량 해전은 일본 수군에 비해 우리 군사의 수가 한없이 부족한 절대적으로 불리한 전투였고, 전혀 승산이 없는 싸움이었습니다.

좁은 해협으로 왜선이 들어서기 시작했습니다. 명량 해전의 선봉대장은 **구루시마 미치후사***로, 지난 당포 해전에서 전사한 왜장 **도쿠이 미치유키***의 동생이었습니다. 구루시마 미치후사는 형의 원수를 갚으러 온 것이었습니다.

이순신이 아무리 뛰어난 장수라 해도 13척의 배로 왜선 133척을 상대하는 것은, 기적이 일어나지 않는 이상 결코 이길 수 없는 싸움이었습니다. 조선 백성들과 수군들은 그저 걱정과 한숨뿐이었습니다. 하지만 이순신은 주저하지 않고 공격하기 시작했습니다.

"아무리 왜선이 많아도 좁은 물길로 한 번에 들어설 수 없으니 주저 말고 공격하라! 지금 당장 싸우지 않으면 군법으로 엄히 다스리겠다!"

어마어마한 왜선의 수에 미리부터 겁을 먹은 조선 장수들과 수군들이 주춤하며 공격하기를 주저하자, 이순신은 조선 수군을 독려하며 거침없이 전장을 지휘했습니다. 이에 장수들과 수군들은 정신을 차리고 왜선을 공격하기 시작했습니다.

조선 화포의 위력은 실로 대단했습니다. 조선 수군의 세력을 얕보며 방심하던 왜군은 조선 수군의 맹렬한 공격에 크게 당황했습니다. 이순신의 수군은 왜장 구루시마 미치후사가 탄 함선을 집중적으로 공격했습니다. 잠시 후, 왜장 구루시마 미치후사가 화포를 맞고 바다로 떨어졌습니다. 그러자 이순신은 부하를 시켜 그를 끌어올린 뒤 그의 목을 베어 함선에 높이 매달았습니다. 대장을 잃은 왜군은 순식간에 사기를 잃었고, 사기가 오른 조선 수군은 다시 희망의 빛을 보았습니다.

이순신의 예상대로 시간이 흐르면서 왜선은 울돌목의 거센 물살에 휩쓸리기 시작했습니다. 왜선은 자신의 배들끼리 서로 부딪치며 서서히 자멸(스스로 멸망함)하고 있었습니다. 왜선은 속도는 빠르지만 선체(배의 몸체)가 가볍고 약하기 때문에 거센 물살의 충격을 이기지 못했습니다.

반면 조선의 판옥선은 매우 견고했기 때문에 거센 물살에도 잘 버틸 수 있었습니다. 울돌목의 물살에 어쩔 줄 몰라 하던 왜군은 점점 당황해했고, 이때를 놓치지 않고 조선 수군은 일제히 공격을 퍼부었습니다. 그러자 왜선은 순식간에 불타고 부서지기 시작했습니다.

이순신의 지략(문제를 해결하는 뛰어난 슬기와 계략)으로 조선 수군은 13척의 배로 왜선 133척을 물리치며 명량에서 기적적인 승리를 거두었습니다. 누구도 예상하지 못했던 위대한 승리였습니다. 장수로서 이순신의 뛰어난 전술이 만들어 낸 통쾌한 승리였습니다. 이렇듯 명량 해전의 승리는 절망에 빠져 있던 조선에 다시 희망의 불씨를 지폈습니다.

한편, 명량에서 크게 패한 왜군은 몹시 분노하며 이순신의 본가(본래 살던 집)를 찾아가 그의 가족을 공격했습니다. 이때 이순신의 셋째 아들 면이 가족을 지키기 위해 왜군과 맞서 싸우다 목숨을 잃었습니다. 어머니를 잃은 슬픔이 채 가시기도 전에 아들을 잃은 이순신은 그 슬픔을 이기지 못했습니다. 어머니가 돌아가신 뒤 "속히 죽기만을 기다린다."라는 말을 남긴 이순신의 절망은 셋째 아들 면의 죽음으로 더욱 깊어만 갔습니다.

하지만 한 나라의 장수로서 약한 모습을 보일 수 없었기 때문에 이순신은 모두가 잠든 깊은 밤, 조용히 창고로 들어가 숨죽여 울었습니다. 그날의 《난중일기》에는 이순신이 아들을 잃고 눈물로 쓴 기록이 남아 있습니다.

10월 14일(신미) 맑다.

…… 저녁에 어떤 사람이 천안에서 와서 집안 편지를 전했다. 봉한 것을 뜯기도 전에 뼈와 살이 먼저 떨리고 정신이 아찔하고 어지러워졌다. 정신없이 겉봉을 뜯고 열(둘째 아들)의 편지를 보니, 겉에 '통곡' 두 글자가 쓰여 있어 면이 전사했음을 짐작했다. 어느새 간담이 떨어져 목놓아 통곡하고 통곡했다.

> 하늘은 어찌 이다지도 인자하지 못하는고! 간담이 타고 찢어지는 것 같다. 내가 죽고 네가 사는 것이 이치에 맞거늘, 네가 죽고 내가 살아 있으니 이렇게 어그러진 이치가 어디 있겠는가. 천지가 캄캄하고 밝은 해도 빛을 잃었다.
>
> 슬프다. 내 아들아! 나를 버리고 어디로 간 것이냐. 남달리 영특해 하늘이 이 세상에 머무르게 하지 않은 것이냐. 내가 지은 죄로 네게 화가 미친 것이냐. 지금 내가 살아 있다 한들 앞으로 누구에게 의지해야 한단 말인가.
>
> 너를 따라 같이 죽어 지하에서 같이 지내고 같이 울고 싶지만 네 형, 네 누이, 네 어머니가 의지할 곳이 없으니, 아직은 참으며 연명이야 한다마는 마음은 죽고 형상만 남아 있어 울부짖을 따름이다. 울부짖을 따름이다. 하룻밤 지내기가 일 년 같구나. 이날 밤 10시쯤에 비가 왔다.

이순신은 장수로서 냉철하고 강직한 사람이었으나 아버지로서는 사랑이 넘치는 따뜻한 사람이었습니다. 하지만 왜군이 밀려오고 있어 한시가 급한 상황에서 이순신은 사랑하는 아들의 죽음을 마음껏 슬퍼하지도 못하고 다시 전투 준비를 해야만 했습니다.

한편, 명나라는 조선을 도와 일본을 물리치는 데 협조했지만 막대한 이익을 챙겼습니다. 일본에게 특별한 혜택을 주며 조선과 일본 사이에서 몰래 자신의 이익을 챙겼던 것입니다. 게다가 조선이 마치 자신의 나라인 것처럼 마음대로 행동하며 조선 백성들과 관리들을 괴롭혔습니다.

7년 전쟁의 끝 노량 해전

1598년 8월, 임진왜란을 일으켰던 도요토미 히데요시가 병으로 세상을 떠났습니다. 기나긴 전쟁이었던 임진왜란도 마침내 그 끝이 보이기 시작했습니다. 왜군은 도요토미 히데요시의 명령에 따라 하루빨리 일본으로 돌아가려고 했습니다.

하지만 적은 수의 군사로 명량 해전에 크게 승리를 거둔 조선 수군의 사기는 하늘을 찔렀고, 이순신은 조선을 함부로 침입한 왜군을 쉽게 되돌려 보낼 생각이 없었습니다. 그러자 왜군 측에서 조총과 칼 등을 뇌물(어떤 직위에 있는 사람을 이용하기 위하여 몰래 건네는 부정한 돈이나 물건)로 바치며 조선 수군에게 일본으로 돌아가는 길을 내어 달라고 요청했습니다.

하지만 이순신은 눈 하나 꿈쩍하지 않으며 단 한 명의 적도 살려 보내지 않겠다고 다짐했습니다. 자신들의 요구가 통하지 않자 왜군 측은 명나라 장수들에게도 뇌물을 바치며 도움을 요청했습니다.

명나라 장수 **진린***이 이순신에게 말했습니다.

"장군, 조선 수군이 전쟁에서 승리했으니 이제 그만 왜군을 돌려보내는 것이 어떻겠소?"

그러자 이순신이 말했습니다.

"저들은 명나라를 치기 위해 우리 조선에 길을 내어 달라고 쳐들어온 자들입니다. 곱게 돌려보낸다면 분명 세력을 키워 다시 쳐들어올 것입니다. 그러니 장군, 우리 조선 수군과 협력하여 왜군을 물리칩시다."

길고 험난했던 7년 전쟁 임진왜란, 그 마지막 전투가 시작되고 있었습니다. 전의를 상실한 채 도망가려는 왜군을 전멸시키기 위해 조·명 연합군은 그렇게 뜻을 모았습니다. 1598년 11월 18일, 이순신과 진린의 조·명 연합군은 마침내 노량으로 출전했습니다.

한편, 고니시 유키나가는 왜장들에게 지원 요청을 하여 전선 500여 척을 노량 앞바다에 집결(한군데로 모아 뭉치게 함)시키며 만반의 준비를 하고 있었습니다. 더는 물러설 곳이 없었던 만큼 왜군 역시 마지막 전의를 불태웠습니다.

이순신은 거북선의 맨 위로 올라가 앞장서서 군사들을 지휘했습니다. 왜군 또한 이에 질세라 사력을 다해 조총과 포탄을 발사했습니다. 왜군은 이순신을 잡기 위해 그를 포위하려 했으나 오히려 진린의 공격으로 관음포 방면으로 후퇴했습니다. 하지만 이순신의 수군은 왜군의 퇴로(뒤로 물러날 길)를 막으며 공격을 퍼부었고, 동시에 왜군에 포위된 진린도 구출했습니다.

이순신은 북을 치며 조선 수군을 독려했습니다.

"단 한 명의 적도 살려 보내지 마라. 공격하라!"

조·명 연합군에게 400여 척의 전선을 격파당한 왜군은 남해 쪽으로 달아나기 시작했습니다. 하지만 이순신의 수군은 끝까지 왜군을 추격했습니다. 조선 땅에 함부로 들어와 횡포를 부리던 왜군을 곱게 보낼 수 없었던 이순신과 온 힘을 다해 도망가며 공격하던 왜군의 치열한 전투는 이틀 동안 이어졌습니다. 이순신은 불화살과 조총, 포탄이 빗발치는 상황에서도 물러서지 않았습니다.

거북선의 맨 위에서 몸을 사리지 않고 조선 수군을 지휘하던 이순신의 모습을 보다 못한 부하 장수가 다가와 말했습니다.

"장군님, 이곳은 위험하오니 안전한 곳으로 몸을 피하십시오."

하지만 이순신은 꿈쩍도 하지 않고 계속해서 조선 수군을 독려했습니다. 치열한 추격전을 치르던 바로 그때였습니다. 왜선에서 총알이 날아와 그대로 이순신의 가슴에 박혔습니다.

중심을 잃고 쓰러진 이순신의 가슴에서 피가 흘러넘쳤습니다. 이에 부하들은 피를 멈추기 위해 바쁘게 움직였습니다. 서서히 의식을 잃어 가던 이순신은 가까스로 힘을 내며 말했습니다.

"지금은 한창 전쟁 중이니 나의 죽음을 누구에게도 알리지 마라."

이 말을 끝으로 이순신은 노량에서 장렬하게 죽음을 맞이했습니다. 그의 나이 53세였습니다. 7년 전쟁이 끝남과 동시에 이순신 또한 생을 마감하게 된 것입니다.

이순신은 죽는 순간까지 오로지 조선을 걱정하고 전투 생각만 했습니다. 부하들에게 자신의 죽음을 알리지 말고 전투에 임하라고 했기 때문에 조선군은 왜군을 모조리 격파한 후에야 이순신이 전사했다는 소식을 들었습니다.

노량 해전에서 일본 전선 500여 척 중 350여 척을 침몰시키고 100여 척은 조선 수군에게 나포되었으며, 온전히 일본으로 돌아간 배는 50여 척에 불과했습니다. 노량 해전의 승리를 끝으로 길고 길었던 7년 전쟁은 막을 내렸습니다. 반드시 훌륭한 장수가 되어 나라를 지키겠다던 그 옛날 건천동 꼬마 대장의 꿈이 마침내 이루어진 것입니다.

임진왜란 중 이순신은 1592년 5월 7일 옥포 해전을 시작으로 1598년 11월 18일 노량 해전까지 총 23차례 전투를 치렀으며 모두 승리했습니다. 지지 않는 신화를 이룩한 이순신은 무너져 가는 조선을 일으켜 세운 희망이자 구원(어려움이나 위험에 빠진 사람을 구함)의 빛이었습니다.

조선 최고의 장수이자 누구보다 백성을 아끼고 사랑한 이순신이 세상을 뜨자 나라 안의 온 백성들이 슬픔에 잠겼습니다. 이순신은 나라와 백성을 버리고 떠난 임금보다 백성들에게 존경을 받았던 인물이었습니다. 선조가 이순신을 그토록 시기하며 미워했던 이유가 바로 여기에 있습니다.

선조는 이순신이 세운 공을 제대로 인정하지 않았고 오히려 원균의 공을 높이 샀습니다. 이 때문에 이순신은 1643년이 되어서야 **충무공*** 시호(제왕이나 재상들이 죽은 뒤에 그들의 공덕을 칭송하여 붙인 이름)를 받게 되었습니다. 영웅을 넘어 성웅으로 존경받는, 최고로 지혜로운 장수이자 덕이 있는 장수, 그리고 모든 백성의 어버이였던 이순신은 세월이 흘러도 여전히 많은 이들의 가슴속에 살아 있습니다.

한 걸음 더 깊이

한눈에 보는 임진왜란

임진왜란이란?

임진왜란은 1592년(선조 25년) 도요토미 히데요시가 일본을 통일하면서 동아시아를 손에 넣으려는 야욕을 품고 조선을 침략하면서 시작되어 1598년(선조 31년) 11월까지 약 7년여 동안 이어진 전쟁입니다.

두 차례의 침략 중 1592년 임진년의 첫 번째 침략을 '임진왜란', 1597년 정유년의 두 번째 침략을 '정유재란'이라고 부르기도 하는데, 보통 임진왜란은 정유재란을 포함하는 개념으로 쓰이고 있습니다.

임진왜란은 조선과 일본뿐만 아니라, 조선을 도와 전쟁에 참여했던 명나라, 그리고 조선을 수차례 침입한 여진족 등 동아시아 전체에 막대한 영향을 미쳤습니다.

임진왜란의 배경과 원인

임진왜란이 일어나기 전, 도요토미 히데요시는 분열되었던 일본을 통일했습니다. 이에 기세가 등등해진 도요토미 히데요시가 조선의 왕에게 예의를 갖출 것을 요구하자 불안함을 감지한 조선의 선조는 사신을 보내 일본의 정세를 파악하게 했습니다.

사신으로 간 황윤길과 김성일의 의견은 엇갈렸습니다. 황윤길은 "일본이 조선을 침략할 가능성이 있으니 전쟁에 대비하자."라는 주장을 했고, 이와 반대로 김성일은 "일본이 조선을 침략할 가능성은 크지 않다."라고 말했습니다. 결국 조선은 김성일의 의견을 따라 큰 위기를 느끼지 못하고 전쟁에 대한 대비를 제대로 하지 않았습니다.

임진왜란 당시 동아시아의 상황은 다음과 같았습니다. 조선과 오랜 세월 친선 관계를 유지해 왔던 명나라는 정치적 혼란을 겪으며 황제의 권위가 약해지고 있었습니다. 조선은 당파 싸움으로 정국이 혼란한 상황이었고, 큰 전쟁 없이 이웃 나라와 평화 상태를 유지하고 있었기에 군사력이 강하지 않았습니다.

이와는 반대로 일본은 도요토미 히데요시가 일본을 통일한 뒤, 수많은 군사를 보유한 지방 세력가들과 합세해 중국 대륙과 한반도를 침략하기 위한 계획을 세우고 있었습니다. 이처럼 조선은 전쟁 준비도 제대로 하지 못한 상태에서 철저하게 전투태세를 갖췄던 일본에 맞서 힘겨운 싸움을 이어 나가야 했습니다.

임진왜란 초기에 조선은 한성이 20여 일 만에 함락되는 등 연이은 전투에서 패배했습니다. 하지만 의병과 관군, 이순신이 이끄는 수군과 더불어 조·명 연합군의 활약으로 해전에서 여러 차례 승리하게 됩니다.

임진왜란의 영향과 결과

1598년 11월, 노량 해전을 끝으로 이순신이 전사하고 조선이 승리하며 7년 전쟁은 막을 내렸습니다. 그렇게 왜군은 물러갔으나 임진왜란으로 조선이 입은 피해는 막대했습니다. 7년간 이어진 전쟁의 영향으로 조선의 농업과 경제가 무너지고 경복궁, 종묘, 불국사 등 많은 문화재를 잃게 되었습니다.

또한 일본은 우리 문화재와 유물들을 약탈(폭력을 써서 남의 것을 억지로 빼앗음)해 갔고, 각지에서 조선인을 살해하거나 포로로 잡아갔습니다. 도자기 장인, 의원 등 유능한 기술자들을 일본으로 데려가 조선의 기술이 유출되기도 했으며, 전쟁으로 인해 많은 이들이 죽어 조선의 인구가 급격히 감소했습니다.

조선을 도와 일본을 물리쳤던 명나라는 국력이 약해져 청나라에 의해 멸망했고, 일본은 도요토미 히데요시가 죽자 **도쿠가와 이에야스***의 에도 막부 시대가 열렸습니다.

임진왜란으로 조선은 많은 것을 잃었지만, 이순신을 비롯한 유능한 장수와 군사들, 의병, 그리고 조·명 연합군이 이루어 낸 값진 승리는 역사적인 쾌거(통쾌하고 장한 행위)입니다. 나라 사랑하는 마음 하나로 똘똘 뭉친 그들의 저항 정신과 애국심은 오늘날까지 많은 이들에게 큰 울림을 주고 있습니다.

부 록

충무공 이순신 장군과 관련된 유적
충무공 이순신 장군과 관련된 유물
더 알아보기
이순신 연보

충무공 이순신 장군과 관련된 유적

아산

현충사 : 충남 아산시 염치읍 현충사길 126

충청남도 아산시 염치읍 백암리에 위치한 조선 전기의 무신 충무공 이순신 장군의 사당으로 1967년 3월 18일 사적으로 지정되었습니다.

1706년(숙종 32년) 숙종 임금 때 지역 유생들의 상소로 건립되었으나 1865년(고종 2년) 대원군의 서원 철폐령에 의해 일시 철폐되었습니다. 그 후 일제 강점기 때 '충무공 묘소 위토 경매 사건'이 발단이 되어 20여 년간 향불이 끊겼습니다. 하지만 전 국민이 거국적으로 모은 성금으로 1932년 동아일보사의 주최로 현충사를 다시 짓게 되었고, 1962년에는 유물 전시관이 건립되었습니다.

이후 1967년에는 박정희 대통령의 성역화 지시로 순 한국식 콘크리트 구조로 된 현재의 현충사가 건립되었으며 경내에 본전, 고택, 정문, 유물 전시관, 활터 등이 마련되었습니다. 1969년에는 현충사 관리사무소를 설치하고 관리와 제전에 관한 사항을 관장하도록 했습니다.

묘소 : 충청남도 아산시 음봉면 고룡산로 12-38

1598년(선조 31년) 노량 해전에서 전사한 충무공의 묘로, 묘역은 9천 600제곱미터이며 묘 1기 외 비석 1기, 상석 1기, 장명등 1쌍, 석상 1쌍이 보존되어 있습니다.

게바위 : 충청남도 아산시 인주면 해암리 해암 마을

1597년, 백의종군을 명 받고 출옥한 이순신 장군을 만나기 위해 아산으로 오던 어머니가 배 안에서 숨지자, 이순신 장군이 어머니의 시신을 끌어안고 눈물을 흘렸다는 곳입니다.

여수

진남관 : 전라남도 여수시 동문로 11

1599년(선조 32) 전라좌수영 객사로 건립한 건물로서 임진왜란과 정유재란을 승리로 이끈 수군 중심 기지로서의 역사성과 1718년(숙종 44) 전라좌수사 이제면이 중창한 당시의 면모를 간직하고 있으며, 국보로 지정되었습니다. 현존하는 국내 최대 규모의 단층 목조 건물이며 여수 8경 중 제4경에 속합니다.

고소대 : 전라남도 여수시 고소3길 13

이순신 장군의 전라좌수사 시절 군령지입니다. 임진왜란 때 이순신 장군이 작전 계획을 세우고 명령을 내린 곳으로 알려져 있습니다. 여수 8경의 하나로, 옛날에는 고소정이라는 정자가 있었다고 하는데, 지금은 여수 기상대와 충무공 대첩비각이 있습니다.

충민사 : 전라남도 여수시 충민사길 52-21

충무공 사당 중 사액(임금이 이름을 지어서 새긴 글씨나 글이 담긴 액자를 내리던 일) 1호 사당입니다. 충무공 사후 전라좌수영 군졸과 지역 주민들이 자발적으로 건립한 사당으로 1600년(선조 33년) 사액되었습니다. 1993년 사적으로 지정되었고, 여수 8경 가운데 제7경에 속합니다.

선소 : 전라남도 여수시 선소마을길 33

이순신 장군이 뛰어난 조선 기술을 지닌 나대용 장군과 함께 거북선을 처음으로 만든 곳입니다.

통영, 한산, 거제

충렬사 : 경상남도 통영시 여황로 251

이순신 장군의 위업을 기리기 위한 사당입니다. 1606년(선조 39년) 왕명으로 세워져 1663년(현종 4년) 사액되었습니다. 그 후 역대 수군통제사들이 매년 봄과 가을에 제사를 지내 왔으며 명나라 만력제가 내린 여덟 가지의 선물인 명조팔사품(보물)과 정조가 충무공전서를 발간하고 직접 지어 내린 제문 등이 전시되어 있습니다.

착량묘 : 경상남도 통영시 착량길 27

이순신 장군의 위패와 영정을 모시는 사당입니다. 노량 해전에서 이순신 장군이 전사하자 지방민들이 착량지가 내려다보이는 언덕 위에 초가를 지은 것이 시초가 되었습니다. 이후 1877년(고종 14년) 때 호상제를 지어 지방민들의 자제를 교육했고, 1979년 동재를, 1980년 고직사를 새로 지어 서원 양식을 갖추었습니다.

세병관 : 경상남도 통영시 세병로길 27

1605년(선조 38년)에 건립된 목조 단층 건물이며, 조선 삼도수군통제영의 중심 건물로 사용되었습니다. 경복궁 경회루, 여수 진남관 등과 함께 우리나라에서 규모가 큰 목조 고건축 중 하나입니다.

제승당 : 경상남도 통영시 한산면 한산일주로 70

이순신 장군의 삼도수군통제영이 있던 곳입니다. 임진왜란 중 충무공이 부하들과 함께 작전을 지휘하던 '운주당'이란 건물 자리에 영조 때 집을 짓고 '제승당'이라는 이름을 붙였습니다. 경내에는 충무공의 영정을 모신 '충무사'와 '한산정', '수루' 등이 있으며, 산봉우리에는 한산대첩비와 함께 거북 등대가 있습니다.

충무사 : 경상남도 통영시 한산면 한산일주로 70

임진왜란 때 이순신 장군이 왜군을 크게 무찌른 한산 대첩을 기념하기 위하여 만들어진 역사적인 장소이며, 이순신 장군의 영정을 모신 사당입니다. 1976년에 제승당 정화사업 때 경역을 넓히고 현재의 모습으로 새로 지어 충무사라는 현판을 걸었습니다. 매년 봄과 가을에 제향을 올리고 있습니다.

이순신 공원 : 경상남도 통영시 멘데해안길 205

이순신 장군과 한산 대첩을 기념하기 위해 만들어진 공원입니다. 망일봉 자락에 조성되어 통영 바다가 한눈에 내려다보이며 이순신 동상 앞으로 전망 데크가 있습니다. 이순신 장군 동상, 전망 데크, 산책로, 전통 문화관, 정자 학익정 등이 있습니다.

남해

관음포 : 경상남도 남해군 고현면 남해대로 3829

관음포 앞바다인 이락파와 노량을 잇는 임진왜란 최후의 해전지로 이순신 장군이 전사한 곳입니다. 1832년(순조 32년) 이락사에 제단을 설치하고, 비와 각을 세웠습니다. 해방 후 1950년, 남해군민 7천여 명이 자진하여 정원과 참배도로를 닦아 '관음포 이충무공 전몰유허'를 조성했고, 1973년 4월 사적으로 지정하여 경내를 정화했습니다. 경내에는 '대성운해(큰 별이 바다에 지다)'라고 쓴 묘비각과 유허비, 사적비 등이 있습니다.

충렬사 : 경상남도 남해군 설천면 노량로 183번길 27

이순신 장군의 넋을 기리기 위한 사당으로 남해 충렬사 혹은 노량 충렬사라 부릅니다. 경내에는 사당, 재실, ·비각 각 1동, 내삼문, 외삼문, 비 4기, 가분묘 1기 등이 있습니다. 1598년(선조 31년) 11월 19일 이순신이 노량 앞바다 전투에서 순국하자 처음 이곳에 유해를 안치했다가 충남 아산의 현충사로 이장했고, 현재 이곳에는 봉분뿐인 가분묘만 남아 있습니다. 1948년 정인보가 쓴 충렬사비가 있습니다.

진도, 해남

벽파진 : 전라남도 진도군 고군면 벽파길 74

벽파진 해전지. 진도 동부 해안가에 있던 나루터로 이순신 장군이 왜군의 함대를 격파한 곳입니다. 국방상 중요 지역의 하나였던 진도의 관문 역할을 하던 곳으로 임진왜란과 정유재란 때 수군영을 두었으며, 충무공 전첩비(싸움에서 이긴 것을 기념하여 세우는 비)가 있습니다.

울돌목 : 전라남도 해남군 문내면 관광레저로 12

이순신 장군이 대승을 거둔 명량 해전의 장소입니다. 전남 해남군 화원반도와 진도 사이의 해협으로 좁은 물목으로 바다가 운다 하여 '울두목', '울돌목'이라 부릅니다. 현재 해남과 진도를 연결하는 진도대교가 있으며 이순신 장군을 기리는 우수영 관광지, 명량 대첩비 등이 있습니다.

우수영 관광지 : 전라남도 해남군 문내면 관광레저로 12

명량 대첩을 기념하기 위해 명량 해협에 1986년 국민 관광지로 지정, 1990년에 기념 공원으로 조성했습니다. 공원에는 명량 대첩탑, 명량 대첩비, 어록비, 충무공 유물 전시관이 있으며, 공원 내 전망대에 서면 명량 해협과 진도대교가 한눈에 들어옵니다. 주변에 충무사, 울돌목, 진도대교 등의 관광지가 있습니다.

오충사 : 전라남도 해남군 해남읍 용정길 14

이순신 장군과 함께 임진왜란에서 나라를 구한 유형, 이억기, 이유길, 이계년 등 다섯 충신의 공적을 기리기 위해 건립된 사당입니다.

충무사 : 전라남도 해남군 문내면 명량로 1186-7

이순신 장군을 기리기 위해 지어진 사당입니다. 명량 대첩을 승리로 이끈 이순신의 공을 기념하기 위한 명량 대첩비(보물)와 충무공 영정을 봉안하고 있습니다.

완도, 고금도

묘당도 : 전라남도 완도군 고금면 세동 84번길 86-31

이순신 장군이 임진왜란과 정유재란 때 왜군 30만 명을 무찌른 곳이자 조선 수군의 마지막 총본영이 있던 곳입니다. 섬 안에 묘당도 이충무공 유적(사적 114)이 있고, 주변에 충무사와 어란정, 월송대, 해남성, 봉화대 등의 유적과 약산도, 신지 명사십리해수욕장, 다도해해상국립공원 등의 명소가 있습니다.

월송대 : 전라남도 완도군 고금면 세동 84번길 86-31

노량 해전에서 전사한 이순신 장군의 유해가 머문 곳입니다. 이순신 장군의 유해는 처음 남해군 관음포 충렬사에 안치되었다가 이곳을 거쳐 충남 아산 금성산에 장사 된 후 1614년 어라산에 이장되었습니다.

목포, 고하도

모충각 : 전라남도 목포시 달동 산230번지

이순신 장군의 공적을 기리기 위해 세워진 전각입니다. 고하도는 이순신 장군이 1597년 10월부터 1598년 3월까지 머물면서 군사를 재정비했던 곳으로, 이 섬을 전략지로 삼아 왜적의 육지 침입을 막아낸 곳입니다. 모충각에는 임진왜란 당시의 진영터와 성터, 고하도 유허비 등이 있습니다.

고하도 유허비 : 전라남도 목포시 달동 산230번지

충무공의 공로를 기념하기 위해 세워진 것으로, 정유재란 때 이순신 장군이 고하도를 전략 기지로 삼아 전쟁을 승리로 이끈 것을 기리기 위해 세운 기념비입니다. 1722년(경종 2년) 통제사 오중주와 충무공의 5대손인 이봉상에 의해 완성되었습니다.

정읍

유애사 : 전라북도 정읍시 진산1길 29-9

충무공 이순신의 위패를 모신 사당입니다. 1589년(선조 22년) 정읍 현감으로 부임했다가 2년 후 전라좌수사로 영전한 것을 기념하여 이 지방 유림들이 세웠습니다. 1798년(정조 22년)에는 집의공 유희진을, 1854년(철종 5년)에는 주부공 유춘필을 함께 모셔 현재 '충무공 이순신·집의공 유희진·주부공 유춘필'이라고 새긴 비석 3개가 같은 자리에 나란히 세워져 있습니다.

충무공원 : 전라북도 정읍시 충정로 228-13

정읍 시청 옆, 성황산에 충렬사를 중심으로 조성된 공원입니다. 이순신 장군이 1589년(선조 22년) 정읍 현감에 부임하여 1년 4개월 동안 재임한 것을 기념하기 위해 충렬사를 건립, 이후 이를 중심으로 공원이 조성되어 역사 교육의 현장이자 시민들의 휴식처로 이용되고 있습니다.

충렬사 : 전라북도 정읍시 충정로 228-13

이순신 장군의 영정을 봉안한 사당입니다. 이순신 장군을 추모하기 위해 각계의 성금을 모아 충무공 탄신일인 4월 28일에 이당 김은호 화백이 그린 영정을 봉안하여 충렬사라 이름 짓고, 충무공원을 조성하여 주민들의 충효 정신을 새기는 장소로 활용하고 있습니다.

충무공 이순신 장군과 관련된 유물

조총
임진왜란 때 왜군이 사용했던 개인용 신무기로 1543년 포르투갈 상인으로부터 전래된 이후 오랜 내란을 거치면서 성능이 개량되고 관련 전술이 발달했습니다. 일본은 1543년 포르투갈 상인으로부터 두 자루의 개인 소총을 구했는데 이를 철포(뎃포)라 불렀습니다. '조총'이라는 말은 이 철포가 조선에 전해진 뒤 '날아다니는 새도 떨어뜨릴 만큼 명중률과 위력이 뛰어나다'고 해서 붙여진 이름입니다.

천자총통
임진왜란 때 사용하던 화포 중 가장 큰 것으로 무게가 700근(약 420킬로그램)이며 화약을 30냥 넣는 화포입니다. 천·지·현·황 등의 문자가 붙은 총통은 부리의 지름이나 무게 등의 크기에 따라 천자문의 순서대로 붙여진 명칭이며, 겉모습은 모두 비슷합니다.

현자총통
천자·지자총통 다음으로 큰 화포이며 임진왜란 때 가장 많이 사용했습니다. 천자·지자총통보다 작아 만들기도 쉽고 화약도 적게 소모되는 반면, 사거리(탄알, 포탄, 미사일 따위가 발사되어 도달할 수 있는 곳까지의 거리)나 성능은 비슷하여 다량으로 제작되고 사용되었습니다.

승자총통

조선 시대 개인 화기로, 경상 병사 김지가 개발하여 1583년 여진족 이탕개의 난을 토벌할 때 큰 역할을 했으며 임진왜란 때는 조선군의 주요한 무기가 되었습니다. 심지에 직접 불을 붙여서 쏘는 방식으로 조총에 비해 사격 속도가 느리고 정확성이 떨어지는 단점이 있습니다.

비격진천뢰

완구(화약을 재어 넣고 쇠나 돌로 만든 둥근 탄환을 넣어 발사하도록 되어 있는 화포)에 의해서 목표물에 발사하여 땅에 떨어진 후 폭발하는 일종의 시한폭탄으로, 임진왜란 때 화포장 이장손이 만들어 경주성 탈환 전투 때 위력을 발휘했습니다. 내부에 있는 대나무 통과 나선형의 홈을 파놓은 나무에 도화선을 칭칭 감아 넣고, 심지 길이로 폭발 시간을 조절할 수 있습니다. 비격진천뢰는 '하늘을 진동시키는 소리를 낸다.' 하여 붙여진 이름으로 '비진천뢰', '진천뢰'로 불리기도 합니다.

《임진장초》

임진왜란 때 이순신이 조정에 장계한 글들을 다른 사람이 따로 옮겨 적은 것을 모은 책입니다. 전쟁 당시 해전의 경과, 조선 수군과 왜군의 정세 등을 자세히 알 수 있는 소중한 사료입니다. 《임진장초》는 《난중일기》에서 간략하게 적어둔 여러 해전에 대해 출전 경과부터 참전 함선, 왜군의 상황, 전투 경과 및 성과, 각 장수의 군사상 공적, 그리고 사망자와 부상자 명단까지 세세히 기록하고 있습니다.

또한 수군 징발 정책, 둔전 설치, 지체하는 장수에 대한 처벌, 전쟁 물자 조달, 진중에서 과거를 개장하는 일 등에 대한 각종 건의와 왜군의 정세, 수군의 현황 등을 담은 각종 보고도 수록되어 있어 임진왜란 해전사를 연구하는 데 다른 어떤 것보다 중요한 사료입니다.

《신기비결》

우리나라의 전통 총통과 임진왜란 이후 전래된 서양 화기 등 18종의 화약 무기에 대하여 제작 및 쏘는 방법 등을 담은 책입니다. 임진왜란 때 병조 참판을 지낸 한효순이 1603년(선조 36년)에 편찬했습니다. 조선 시대 병서 중 화약 무기의 구체적인 사용법을 담은 책으로, 각종 총통을 어떤 순서로 발사했는지, 포탄은 어떤 방식으로 장전했는지를 구체적으로 파악할 수 있는 유일한 자료입니다.

《융원필비》

1813년(순조 13년)에 박종경이 훈련도감서 편집, 간행한 군사 기술에 관한 책입니다. 1권 1책, 목활자본으로 각종 무기를 그림으로 풀이하고, 규격과 용법 등에 대한 설명을 덧붙였습니다. 조선만의 특수한 화기 형식과 규격, 그리고 임진왜란 이후 조선 후기까지의 화기 발달 과정을 기록하고 있으며, 조선 초에 편찬, 간행했던 《총통등록》을 계승한 것으로, 조선 시대 화기 발달의 내용을 알 수 있는 중요한 자료입니다.

《징비록》

임진왜란 당시 영의정 겸 도체찰사로 전란을 극복하는 데 앞장섰던 서애 류성룡이 전쟁을 돌아보며 반성과 후일의 경계를 위해 기록한 글입니다.

이순신에 대해 남아 있는 몇 안 되는 기록 중 하나가 이 책에 적혀 있습니다. 임진왜란 당시 전시 내각의 수장으로 전란을 극복한 류성룡은 이순신과는 어려서부터 같은 동네에서 자라 잘 아는 사이로 알려져 있습니다. 류성룡은 이순신의 모습을 다음과 같이 묘사했습니다.

"순신의 사람됨은 말과 웃음이 적고, 얼굴은 단아하여 마치 수양하며 근신하는 선비와 같았다. 그러나 그 가슴속엔 담력이 있어 몸을 잊고 나라를 위해 죽었으니 이는 평소 수양을 쌓아 온 때문이다."

이 기록은 이순신의 외양을 묘사한 것이라기보다는 아마도 그의 인품을 나타낸 듯합니다.

《난중일기》

이순신이 임진왜란 7년 동안 전장에서 치른 많은 전투와 그 속에서 겪은 숱한 일과 사람들에 대해 솔직하게 적어 내려간 일기입니다. 정조 때《충무공전서》를 편찬하면서《난중일기》라 이름 붙여서 지금까지 전해 오게 되었습니다.

충무공 장검

이순신이 1594년 4월, 한산도 진중에 있을 때 만든 칼입니다. 전장에서 실제로 사용한 것이 아니라 곁에 두고 정신을 가다듬기 위한 것으로 보입니다. 칼날에 "삼척서천三尺誓天 산하동색山河動色"(석 자 칼을 높이 들어 푸른 하늘에 맹세하니 산과 바다가 함께 기뻐하다) "일휘소탕一揮掃蕩 혈염산하血染山河"(단칼에 더러운 무리 깨끗이 쓸어버리니, 산과 바다가 핏빛으로 물드는구나)라는 친필 칼 이름이 새겨져 있습니다.

《서간첩》

이순신이 친척인 현건과 현덕승, 조카에게 보낸 편지와 큰아들 이회가 현건에게 보낸 편지 8편을 엮은 것입니다. 사사로운 편지글로 이순신의 따뜻한 인간미를 느낄 수 있으며, 편지마다 전란을 걱정하는 애타는 심정이 잘 드러나 있습니다.

충무공 증시교지

1643년(인조 21년) 인조는 이순신에게 '충무'라는 시호를 내렸습니다. 이순신이 전사한 지 45년 만에 이순신 생전의 공덕을 기리기 위하여 '충무공'이라는 시호를 내린 교지입니다. 인조에 이어 효종은 이순신의 마지막 전쟁터였던 경상도 남해에 '충무공 이순신 비'를 세우게 했고, 현종은 남해와 통영에 있는 이순신의 사당에 '충렬사'라는 편액을 내렸습니다. 또한 현종은 유성으로 온천을 가던 길에 아산에 있는 이순신의 묘소에 들러 제사를 지내게 하고 제문을 내리기도 했습니다. 숙종은 1707년(숙종 33년) 충청도 아산의 유생들이 건의하여 지은 이순신의 사당에 '현충'이라 이름 짓고 현판을 내렸습니다.

선무공신 교서

이순신을 선무 1등 공신인 덕풍부원군에 봉하고 상급을 내린 교서입니다. 임진왜란 중 적을 토벌한 선무공신에는 모두 18명이 녹훈(훈공을 장부나 문서에 기록함)되었으며 1등은 이순신과 더불어 권율, 원균 3인입니다. 이어 제1차 진주성 전투의 명장 김시민, 연안성 전투를 이끈 이정암, 전라우수사로 전란 초기 이순신과 함께 바다에서 큰 공을 세운 이억기 등 5명이 2등에, 전라좌수영의 중위장을 했던 전 순천부사 권준, 전라좌수영 방답첨사로 전부장을 했던 전 충청수사 이순신李純信 등 10명이 3등에 이름을 올렸습니다.

영의정 증직교지

1793년 7월, 정조가 "충무공의 그 충성과 위무로써 죽은 뒤에 아직까지 영의정을 가증하지 못한 것은 실로 잘못된 일"이라며 최고위직인 영의정을 추증하며 내린 교지입니다. 다음 해에는 직접 이순신의 신도비명을 짓고, 1795년 9월, 임금이 직접 내탕금(임금의 개인 재산)을 내려 이순신의 행적과 유고들을 모아《이충무공전서》를 발간했습니다.

《이충무공전서》

이순신의 행적과 유고를 모아 한 책으로 만들라는 정조의 명을 받아 규장각에서 4년 동안 작업하여 모두 14권 8책으로 묶어서 나온 이순신 관련 자료의 집대성입니다. 정조는 이 책을 편집할 때도 여러 번 관심을 보이고, 인쇄할 때에는 임금의 개인 돈까지 내려 주었습니다. 1795년(정조 19년) 왕명으로 유득공이 감독·편집하여 교서관에 국을 설치하여 간행했습니다. 책머리에 정조의 윤음(임금이 신하나 백성에게 내리는 말)을 비롯하여 교유·사제문·도설·세보·연표를 싣고, 권1에 시·잡저, 권2~4에 장계, 권5~8에 난중일기, 권9~14에 부록을 수록했습니다.

참고 : 국가 유산청 현충사 관리소
https://hcs.khs.go.kr/cha/idx/SubIndex.do?mn=HCS

더 알아보기

류성룡(1542~1607)
호는 서애. 임진왜란이 일어나기 전, 이순신을 정읍 현감에서 전라좌수사로 적극 추천하며 특급 승진하게 함으로써 조선을 위기에서 구하는 데 공헌했습니다. 그가 남긴 임진왜란 때의 상황을 기록한 《징비록》은 국보 제132호로 지정되었습니다.

선조(1552~1608)
조선 제14대 왕으로 이름은 연昖, 아이 때 이름은 균鈞. 이이, 이황 등의 인재를 등용하고 유학을 장려하는 등 백성을 바르고 어질게 잘 다스리는 정치에 힘썼으나, 당쟁으로 인한 국력의 약화로 두 번의 왜란을 겪었습니다. 재위 기간은 1567~1608년입니다.

이이(1536~1584)
조선 중기의 문신이자 학자로 호는 율곡입니다. 총 9번의 과거에 모두 장원 급제하여 '구도장원공九度壯元公'이라 불렸습니다. 《성학집요》, 〈동호문답〉, 〈인심도심설〉 등 많은 저술을 남겼습니다.

정언신(1527~1591)
조선 선조 때의 문신이며, 1583년에 도순찰사로서 이탕개의 침입을 격퇴하는 등 북변 방비에 힘썼습니다. 정여립의 모반과 관련되었다는 모함 때문에 갑산에 귀양 가서 생을 마감했습니다.

이억기(1561~1597)
임진왜란 당시 전라우도 수군절도사를 거치며 이순신 장군의 휘하에서 활약했던 장수입니다. 정유재란이 일어났던 1597년 7월 16일 새벽, 통제사 원균의 휘하로 칠천량 해전에 참전했다가 조선 수군이 전멸되면서 전사했습니다.

박홍(1534~1593)
조선 중기의 무신입니다. 임진왜란 때 경상좌도 수군절도사로서 일본군을 맞아 싸웠으나 패했으며, 임진강 방어 전투에 참여했습니다.

원균(1540~1597)
조선 선조 때의 무신입니다. 임진왜란 때 경상우수사로, 일본군이 침입했을 때 이순신의 도움으로 승리했으나 정유재란 때 적의 유인 전술에 말려들어 칠천량에서 부대가 전멸되고 자신도 전사했습니다.

최무선(1325~1395)
고려 말기의 관료입니다. 왜구가 점점 늘어나자 화약의 필요성을 절실히 느낀 최무선은 중국 상인에게 염초 제조법을 배워 화약과 화포를 만들었습니다. 1380년 진포에서 왜선을 섬멸하는 데 공을 세웠습니다. 주요 저서로 《화약수련법》, 《화포법》이 있습니다.

이장손
조선 선조 때의 발명가입니다. 군기시에 소속된 화포장으로서 임진왜란 때 오늘날의 박격포와 비슷한 비격진천뢰라는 화포를 만들어 수군 함포에 이용하여 많은 적선을 쳐부수는 데 공헌했습니다.

도요토미 히데요시(1537~1598)
일본의 무장이자 정치가입니다. 일본을 통일하고 중국 대륙 침략의 야망을 실현하기 위해 조선을 공격하여 임진왜란을 일으켰으나 실패했습니다.

고니시 유키나가(1558~1600)
일본의 무장입니다. 임진왜란 때 선봉장으로 조선에 출병하여 평양까지 침공했으며, 도요토미 히데요시가 죽은 뒤에 도쿠가와 이에야스와 싸우다 패하여 살해되었습니다.

정발(1553~1592)
조선 선조 때의 무신입니다. 임진왜란 당시 부산진 첨절제사로 일본군에 맞서 싸우다가 전사했습니다.

송상현(1551~1592)
조선 전기 문신으로 1591년 동래부사가 되었습니다. 이듬해 4월 13일 임진왜란이 일어나고, 14일 부산진성을 침범한 일본군이 동래성으로 밀어닥치자 "싸워 죽기는 쉬우나 길을 빌리기는 어렵다."라고 나무로 만든 패에 글을 써서 전투 의지를 밝혔습니다. 그 후 군사를 이끌고 전투에 임했으나 적은 수의 군사로 왜군에 맞서 싸우다 패배하여 전사했습니다.

신립(1546~1592)
조선 선조 때의 무신으로 한성부 판윤을 지냈으며, 임진왜란이 일어나자 삼도 도순변사로 임명되어 충주 탄금대에서 일본군과 싸우다 전사했습니다.

가토 기요마사(1562~1611)
일본의 무장으로 임진왜란 당시 1만 명의 병사를 이끌고 출병하여 1592년 4월 18일, 부산에 도착한 이후 단숨에 한성까지 도달했습니다. 점차 북상하며 함경도 회령에까지 이르렀고, 두 명의 왕자 임해군과 순화군을 포로로 잡았습니다. 1597년에는 정유재란에 출정하라는 명이 내려지자 다시 1만 명을 이끌고 조선을 침략했습니다.

권준(1547~?)
조선 중기의 무신입니다. 1592년 임진왜란이 일어나자 이순신의 수군으로 참전하여 옥포 해전, 사천 해전, 한산 대첩, 부산포 해전 등에서 중위장으로 활약하며 조선 수군이 연승하는 데 큰 역할을 했습니다.

당항포 해전
1592년 6월 5일~6일과 1594년 3월 4일, 총 두 차례에 걸쳐 이순신이 이끄는 조선 수군이 일본 수군을 크게 무찌른 해전입니다. '제1차 당항포 해전'에서는 왜선 대부분이 파괴되었고, 달아나는 나머지 왜선들도 모두 추적해 불태웠습니다. '제2차 당항포 해전'은 조선군 연합 전선 124척이 참가한 대규모 해전으로, 삼도수군통제사 이순신의 치밀한 전략으로 크게 승리한 전투입니다.

율포 해전
1592년 6월 7일, 영등포 앞바다에 도착해 왜선을 경계하던 중 일본의 큰 배 5척과 중간 배 2척이 율포에서 나와 부산 쪽으로 도망가는 것을 발견하고는 이순신이 즉시 추격을 명하여 율포 해전이 일어났습니다. 이 전투에서 조선 수군은 왜선 5척을 격파하고 수많은 일본군의 목을 베며 비교적 쉽게 승리할 수 있었습니다.

김명원(1534~1602)
조선 중기에 이조 판서, 우의정, 좌의정 등을 거친 문신입니다. 임진왜란이 일어나자 순검사(지방의 군사에 관한 일이나 백성의 괴로움 등을 살피기 위해 파견하던 임시 벼슬)에 이어 팔도 도원수가 되어 한강 및 임진강을 방어했으나, 군사 수가 부족하여 일본군을 막지 못하고 일본군의 침략만 늦추었습니다.

구로다 나가마사(1568~1623)
임진왜란 때 3진으로 병력을 이끌고 조선을 침략했으며, 1597년 정유재란 때에도 전라도 남부와 김해, 창원 등지를 공격했습니다.

와키자카 야스하루(1554~1626)
임진왜란 때 수군으로 참전해 육군을 따라 한성까지 진격했으며, 한성을 되찾기 위해 북상하던 경상, 충청, 전라 연합군 7~8만의 조선군을 공격해 물리쳤습니다.

구키 요시타카(1542~1600)
1592년 임진왜란 때 도도 다카토라와 함께 9천여 명의 수군을 이끌고 한산도 앞바다에서 이순신에게 패한 일본 수군을 구원하려고 출동했으나, 안골포 해전에서 이순신에게 크게 패했습니다.

가토 요시아키(1563~1631)
임진왜란 시기에 1천여 명을 이끌고 출전했고 이순신의 조선 수군과도 자주 싸웠습니다. 7월 안골포 해전에서 거북선과 처음 만난 것도 요시타카, 요시아키 두 장수로, 같은 시기에 있었던 한산도 대첩에서 와키자카 야스하루가 패한 반면, 요시아키는 조선 수군을 물리친 공을 인정받아 도요토미 히데요시에게 감사장을 받았습니다.

조승훈
중국 명나라의 무장입니다. 당시 명나라는 조선이 얼마나 심각한 상황인지 모르는 상태였고, 조승훈은 제대로 된 준비도 없이 5천여 명의 군사로 평양성을 공격했습니다. 그 결과, 절반이 넘는 명군이 전사하는 참혹한 패배를 당했습니다.

정운(1543~1592)
조선 선조 때의 무신입니다. 녹도 만호로서 임진왜란 때 이순신의 선봉장이 되어 옥포, 당포, 한산 등의 해전에서 큰 전과를 올리고 부산포 해전에서 전사했습니다.

곽재우(1552~1617)
조선 중기의 의병장입니다. 임진왜란 때 의령에서 의병을 일으켜 큰 공을 세웠고, 정유재란 때 다시 의병장으로 출전했습니다. 그 뒤 진주 목사, 함경도 관찰사 등을 지냈습니다.

김시민(1554~1592)
1592년 10월에 일본군이 진주성을 공격해 오자, 당시 진주성을 지키고 있던 그는 3천800여 명의 군대를 이끌고 전략을 세워 3만여 명의 일본군을 맞아 크게 승리했습니다. 이 전투를 제1차 진주성 전투 또는 진주 대첩이라고 합니다. 하지만 전투가 끝난 후 부상 후유증으로 전사했습니다.

이여송(1549~1598)
중국 명나라의 장수로서 임진왜란 당시 4만 3천여 명의 2차 원병을 이끌고 조선에 왔습니다. 조선의 승군, 관군과 연합하여 1593년 1월, 고니시 유키나가의 일본군을 기습해 평양성을 함락시켰습니다. 곧이어 평안도와 황해도, 개성 일대를 탈환했으나, 한성 부근의 벽제관에서 일본군에 패하여 개성으로 퇴각했습니다.

권율(1537~1599)
조선 선조 때의 명장으로, 1592년 임진왜란이 일어나자 일본군에 빼앗긴 한성을 되찾기 위해 행주산성에서 3천여 명의 조선군으로 3만 대군 왜군의 총공격에 맞서 싸워 승리했는데 이를 '행주 대첩'이라고 합니다. 1599년에 관직에서 물러나와 고향으로 돌아가 7월에 세상을 떠났습니다. 후에 영의정에 추증되었습니다.

척계광(1528~1588)
중국 명나라의 장수입니다. 중국 해안에 자주 침입해서 노략질하던 왜구를 토벌한 명장으로 유명하며, 명나라 북방 지역의 전력 강화에 크게 기여했습니다. 《기효신서》 등의 병서를 남겼습니다.

훈련도감
조선 후기 수도 한성부의 방위를 위해 설립된 중앙군입니다. 임진왜란 중이던 1593년 명나라의 이여송이 평양을 탈환한 뒤 군대 편제를 개편할 필요성을 느끼고 척계광의 《기효신서》에 소개된 삼수병三手兵 체계를 모델로 훈련도감을 신설하고 류성룡을 도제조로 삼았습니다. 삼수병은 총통이나 조총을 사용하는 포수와 활을 쏘는 사수, 그리고 이들을 적의 기마 돌격 등으로부터 보호하기 위한 살수가 서로 관련하여 조직되는 방식의 군대입니다.

속오군
조선 후기 속오법에 따라 편성된 군사 제도와 이를 토대로 창설된 군대의 명칭입니다. 1594년 류성룡의 건의로 처음 만들어졌고 임진왜란의 난국을 극복하기 위하여 명장 척계광의 《기효신서》에 나타난 속오법과 삼수기법에 따라 조직했습니다.

이원익(1547~1634)
조선의 문신으로, 임진왜란이 터지자 임금이 타던 수레를 호위하며 곁을 지켰습니다. 이어 평안도 도순찰사, 사도 도체찰사를 겸하여 함경남도와 평안남도까지 올라온 왜군과 맞서 싸워 많은 공을 세웠습니다.
1593년 명나라 장수 이여송과 합세하여 일본군에 빼앗긴 평양을 되찾았습니다. 여러 차례 영의정을 지냈으나 성품이 깨끗하고 재물에 대한 욕심이 없어, 일생을 청렴(성품과 행실이 높고 맑으며 탐욕이 없음)하게 살았다고 합니다.

정탁(1526~1605)

조선 중기의 문신으로, 1592년 임진왜란이 일어나자 임금을 의주까지 따르며 모셨습니다. 1594년에는 곽재우, 김덕령 등의 명장을 추천하여 전란 중에 공을 세우게 했으며, 이듬해 우의정이 되었습니다. 1597년 3월, 옥중의 이순신을 적극 변호하여 죽음을 면하게 해 주었습니다.

배설(1551~1599)

조선의 무관으로, 1597년 칠천량 해전 당시 전투 중 상황이 불리해지자 전선 12척과 병사 120명을 수습하여 후퇴하고 이후 이순신과 합류하여 이순신에게 자신이 수습한 전선과 병사들을 내주었습니다.
그러나 명량 해전이 일어나기 전에 탈영했으며 이에 도원수 권율은 전국에 수배령을 내려 체포하려 했으나 계속 잡히지 않다가 1598년 노량 해전을 끝으로 전란이 끝난 뒤에야 선산 땅에서 체포되어 참수형을 당했습니다.

이항복(1556~1618)

조선 선조 때의 문신으로, 우리에게 잘 알려진 '오성과 한음(이덕형)'의 '오성'입니다. 권율 장군의 사위이고 임진왜란 때 병조 판서로 활약했으며, 뒤에 벼슬이 영의정에 이르렀습니다. 광해군 때에 인목 대비 폐모론에 반대하다 북청으로 유배되어 생을 마감했습니다.

구루시마 미치후사(1561~1597)

일본 센고쿠 시대의 무장입니다. 임진왜란 당시 육전에 참전했으나, 이순신 등이 지휘하는 조선 수군의 활약으로 전세가 흔들리자 다시 일본 수군을 지휘했습니다. 1597년 9월 16일, 진도의 울돌목에서 이순신의 조선 수군에 맞서 싸우다 전사했습니다.

도쿠이 미치유키(1557~1592)
일본 센고쿠 시대에서 아즈치모모야마 시대에 걸쳐 활약한 무장입니다. 임진왜란 중, 당포 해전에서 이순신이 이끄는 조선 수군 중위장 권준의 화살에 맞고 전사했다고 알려져 있습니다.

진린(1543~1607)
명나라 장수로 임진왜란 당시 수군 5천여 명을 이끌고 조선으로 와 이순신과 연합 함대를 이루어 싸웠으나 전투에는 소극적이고 공적에는 욕심이 많았던 인물입니다.
조선 수군에 대한 멸시와 행패가 심해 이순신과 마찰을 일으켰으나, 이순신이 자신이 세운 전공을 진린에게 양보하자 두 사람의 관계가 좋아지게 되어 노량 해전에서 이순신과 함께 큰 공을 세웠습니다.

충무공
나라에 무공을 세워 죽은 후 '충무'라는 시호를 받은 사람을 높여 이르는 말로, 대표적 인물로 이순신, 김시민, 남이 등이 있습니다.

도쿠가와 이에야스(1543~1616)
일본 에도 막부의 초대 쇼군입니다. 처음에 도요토미 히데요시의 휘하에 있었으나 그가 죽은 뒤 도요토미 일족을 멸하고 전국(전쟁으로 몹시 어지러운 세상)을 제패하여 에도 막부를 세웠습니다.

이순신 연보(음력 기준)

1545년(인종 1년)	3월 8일 한성 건천동에서 태어나다.
1565년(명종 20년)	보성 군수 방진의 딸과 혼인하다.
1572년(선조 5년)	8월 훈련원 별과(나라에 특별한 일이 있을 때 보는 시험)에 응시했으나 시험 도중 낙마하여 불합격하다.
1576년(선조 9년)	2월 31세의 나이로 식년시(3년마다 정기적으로 시행된 과거) 무과에 합격하다.
1579년(선조 12년)	2월 훈련원 봉사로 임명되다. 10월 충청도 병마절도사의 군관으로 임명되다.
1580년(선조 13년)	7월 전라좌수영 내 발포의 수군만호로 임명되다.
1582년(선조 15년)	1월 상관 서익의 모함으로 수군만호에서 파직되다. 5월 훈련원 봉사로 복직되다.

1583년(선조 16년)	7월 함경도 병마절도사 이용의 군관으로 임명되다. 9월 여진족 우두머리를 잡았으나 제대로 된 공을 인정받지 못하다. 11월 훈련원 참군으로 승진하다. 11월 15일 아버지 이정 돌아가시다.
1586년(선조 19년)	1월 여진족 출몰이 잦은 함경도 조산보 만호로 임명되다.
1587년(선조 20년)	8월 조산보 만호와 녹둔도 둔전관을 겸했으나 녹둔도 전투의 패배로 파직되다. 10월 첫 번째 백의종군하다.
1589년(선조 22년)	12월 전라도 정읍 현감과 태인 현감으로 임명되다.
1591년(선조 24년)	2월 전라좌수사로 임명되다.
1592년(선조 25년)	4월 12일 거북선 완성하다. 4월 13일 임진왜란 일어나다. 5월 7일 옥포·합포 해전 첫 승리하다.

1592년(선조 25년)	5월 8일 적진포 해전 승리하다. 5월 29일 사천 해전(거북선 첫 참전) 승리하다. 6월 2일 당포 해전 승리하다. 6월 5일 당항포 해전 승리하다. 6월 7일 율포 해전 승리하다. 7월 8일 학익진 전법으로 한산도 대첩 승리하다. 이 무렵, 전국적으로 의병이 일어나다. 7월 10일 안골포 해전 승리하다. 9월 1일 부산포 해전 승리하다.
1593년(선조 26년)	2월 10일~3월 6일 웅포 해전 승리하다. 5월 12일 정철총통 제조에 성공하다. 7월 15일 여수 본영과 별도로 한산도에 전진기지를 설치하다. 8월 15일 삼도수군통제사로 임명되다.
1594년(선조 27년)	3월 4일~5일 제2차 당항포 해전 승리하다. 9월 29일 제1차 장문포 해전 승리하다. 10월 4일 제2차 장문포 해전에서 곽재우·김덕령 등과 수륙합동 작전을 펴다.

1597년(선조 30년)	임진왜란보다 더욱 조직적이고 강화된 왜군의 공격이 이어진 정유재란이 시작되다. 이순신, 출전 명령 거역한 죄로 삼도수군통제사에서 파직되다. 3월 4일 한성 의금부에 투옥되다. 4월 1일 출옥 후 두 번째 백의종군하다. 4월 13일 어머니 돌아가시다. 7월 16일 원균이 지휘한 칠천량 해전 참패하다. 임진왜란·정유재란 가운데 조선 수군이 유일하게 패배한 해전으로, 조선 수군 거의 전멸하다. 7월 23일 다시 삼도수군통제사로 복귀하다. 9월 16일 명량 대첩 승리하다. 이순신의 조선 수군은 13척의 배로 왜선 133척 중 31척 격파하다. 10월 14일 셋째 아들 면의 사망 소식을 듣다.
1598년(선조 31년)	7월 16일 명나라 장수 진린의 수군과 조선 수군이 연합하다. 8월 18일 도요토미 히데요시 사망하다. 더 이상 전쟁을 지속할 수 없던 왜군 조선에서 철수 준비하다.

1598년(선조 31년)	**11월 19일** 노량 해전 승리하다. 왜선 200여 척을 격침 시키고 달아나는 왜군에게 쉽게 길을 내어주지 않으려던 이순신의 마지막 전투이다. 왜군의 총탄을 맞고 이순신 전사하다. 3일 후 고금도로 유해를 옮기다. **12월** 왜군 완전 철수하고 임진왜란 종결되다. **12월 4일** 우의정에 추증(죽은 뒤에 품계를 높여 주던 일)되다.
1604년(선조 37년)	**7월** 좌의정을 겸하여 덕풍부원군에 봉해지다. **10월** 선무일등공신 1위로 녹훈되다.
1643년(인조 21년)	임금이 '충무'라는 시호를 내리다.
1706년(숙종 32년)	충청도 유생들의 건의로 충남 아산에 이순신을 추모하는 현충사를 세우다.
1793년(정조 17년)	**7월** 영의정으로 추증되다.